나의
저시력인
친구를
소개합니다

점자책, 오디오북, 전자책의 TTS기능을 이용할 독자를 위한 표지 설명

표지는 하얀 바탕에 붉은색 계통의 글씨와 선으로 그려진 동그라미로 구성되어 있다. 글자 색은 오렌지빛이 감도는 빨강이고, 맑은 여름 저녁의 노을빛을 떠올리게 한다. 팬톤사의 웜 레드 C 색을 사용했다.

표지의 중심에는 네 개의 동그라미가 아래 방향으로 지그재그 배치되어 있다. 각 동그라미 안에 큼직한 글자가 꽉 차게 들어있다. 차례대로 읽으면 책 제목인 "나의 저시력인 친구를 소개합니다"라는 문장을 구성한다. 배경에는 흐릿한 붉은색 글자들이 읽기 어렵게 희미하게 표현되어 있어 크고 선명하게 쓰여있는 동그라미 안의 글씨와 대조된다.

첫 번째 동그라미는 오른쪽 위에 있으며 '나의'라고 적혀 있다. 두 번째 동그라미는 표지의 중앙에서 왼쪽 살짝 위에 위치하며 두 개의 동그라미가 겹쳐 있는데 위에 놓인 동그라미에는 '저시력', 아래 동그라미에는 '인'이 쓰여있다. 세 번째 동그라미는 중앙에서 오른쪽 살짝 아래에 있으며 '친구를'이라고 쓰여있다. 네 번째 동그라미는 왼쪽 아래에 있으며 '소개'하고 '합니다'가 두 줄로 적혀있다.

부제 "함께 보면 흐릿한 세상도 선명해진다"라는 문구가 '함께 보면'과 '흐릿한 세상도 선명해진다'라고 두 부분으로 나뉘어서 세로쓰기로 배치되어 있다. '함께 보면'은 표지의 왼쪽 가장자리 위쪽에 적혀있고, '흐릿한 세상도 선명해진다'는 표지의 오른쪽 가장자리 중앙에 쓰여있다.

"신연서, 차향미, 김창수 지음"이라고 세 명의 저자 이름이 책 제목이 쓰인 두 번째 동그라미 아래에 세로로 한 줄에 쓰여있다. 그 아래로 왼쪽 가장자리 아래에는 '초록비책공방' 출판사의 로고가 있다.

일러두기

1. 단행본, 학과목의 이름은 『 』로, 논문·법령은 「 」묶었다.
2. 직접인용 문구는 겹따옴표 " "로, 간접인용과 혼잣말, 강조 문구는 홑따옴표 ' '로 표기했다.
3. '저시력'은 시력의 상태, '저시력인'의 두 가지 뜻으로 문맥에 맞게 혼용 사용했다.
4. '시각장애 특수학교'와 '맹학교'는 같은 의미로 혼용하여 사용했다.
4. '맹'과 '전맹'은 같은 의미로 문맥에 맞게 혼용하여 사용했다.
5. 출처는 미주로 표시하고 책의 마지막에 기재했다.

나의 저시력인 친구를 소개합니다

함께 보면 흐릿한 세상도 선명해진다

신연서 · 차향미 · 김창수 지음

초록비책공방

● 희미한 세상을 선명하게 살아가는 저시력인의 삶을 한 호흡 깊이 들여다보는 이 책은 등대처럼 경도 시각장애라는 감추어진 현실을 조명합니다. 어려움 속에서도 긍정적으로 삶의 방향을 찾아가는 용기 있는 이들의 도전과 극복의 이야기가 손에 잡힐 듯 생생하게 펼쳐집니다. 저는 이 책이 시각장애 교육의 다양한 지원 방안을 모색하는 길잡이가 되리라 생각합니다. 또한 '저시력인'에 대한 사회적 이해를 넓히고 함께 살아가는 방법을 고민하는 모든 이에게 떨림과 울림을 주는 의미 있는 책이 될 것입니다.

- 강경숙(조국혁신당 국회의원)

● 시각장애에 대해 전혀 모르는 분에게 이 책을 권합니다. 저시력인과 가까이 지내면서도 저시력을 온전히 이해하지 못하는 맹의 시각장애인도 읽어야 합니다. 이 책은 '감추어진 저시력'을 드러내고 있습니다. '보이지만 보이지 않는' 사람의 이야기를 씩씩하게 나누고 있습니다. 그리고 함께 행복할 수 있는 세상을 보여줍니다. 저시력인도 더 이상 혼자가 아니라는 사실을 깨닫고 용기 있게 나아가길 바랍니다. 이 책은 오늘도 '애매모호'의 혼란을 겪고 있을 저시력인이 '당당함'의 자기 정체성을 발견하게끔 안내할 것입니다. 저시력인의 삶을 감추지 않고 드러내 준 차향미, 김창수 두 선생님과 '변방'의 저시력을 소통의 중심으로 이끌기 위해 연구해 온 신연서 박사님께 감사드립니다.

   － 김영일 (조선대학교 교수/한국시각장애인연합회 회장)

● 사랑하는 자녀의 시각장애를 알게 되었을 때 부모로서 느끼는 막막함과 불안감은 이루 말할 수 없을 것입니다. 저 또한 그랬습니다. 시각장애 자녀를 둔 부모는 자녀를 양육하면서 누구보다 가까이에서 지켜보며 잘 안다고 생각합니다. 그러나 부모는 시각장애 당사자가 아니라 온전히 이해한다고 할 수는 없습니다. 이 책에서 저시력인이

들려주는 진솔한 삶의 이야기는 그 어떤 전문가의 조언보다 소중한 기록입니다. 저시력인과 저시력인의 부모와 가족에게 위로와 희망을 줄 것입니다.

 – 김경숙(사단법인 시각장애인가족협회 이사장)

● 시각장애를 가지고 있지만 자신의 경험을 바탕으로 학생들의 잠재력을 최대한 발휘할 수 있도록 지도하는 존경하는 선생님들을 응원합니다. 이 책은 특수교육에 몸담은 선생님과 저시력 학생의 성장과 발전을 위한 소중한 안내서이며 이들에게 영감과 도움을 줄 수 있으리라 기대합니다. 시각장애를 가진 교사와 학생 간의 상호 이해와 협력은 우리 모두의 소중한 가치이며 이 책은 그 가치를 실현하는 데 큰 역할을 할 것입니다.

 – 조현관(거제 애광학교 교장/한국특수교육총연합회 회장)

● 이 책은 저시력이라는 개인적 상황을 마주한 교육자의 진실한 기록이자 저시력인을 응원하는 연구자의 특수교육 본질에 대한 깊은 성찰이 담겨 있습니다. 흐릿하게 보이는 시력과 좁은 시야지만 오히려 세상을 미소로 바

라보는 김창수, 차향미 두 분의 저시력 선생님과 시각장애에 대한 질문을 멈추지 않고 교육의 의미를 되새기는 신연서 박사님이 함께 쓰신 이 책은 시각적 한계가 삶의 여백이 될 수 있고 예상치 못한 결실이 될 수 있다는 것을 잔잔히 전하고 있습니다. 소소한 이야기라고 생각해 왔던 마음의 말들이 책 속에 담겨 있어서 38년간 시각장애를 지도한 저도 깜짝 놀랐습니다. 마지막 장을 덮으며 저 또한 더 나은 교육을 꿈꾸게 되었습니다. 저시력인과 어깨를 나란히 걷고자 하는 많은 분께 이 책을 진심으로 추천합니다.

  - 김호연(강남대학교 교수/한국시각장애교육재활학회 회장)

● 우리가 책을 읽기 위해 글자를 배워야 하듯이 저시력인은 세상을 보는 방법을 배워야 합니다. 이 책에 담긴 두 분 저시력인의 진솔한 일상과 굳건한 성장기는 독자가 머리가 아닌 가슴으로 저시력을 이해하도록 돕습니다. 아울러 쉽고도 깊이 있게 풀어낸 저시력인 이야기는 우리 주변의 저시력인과 소통할 수 있게 마음을 열어줍니다. 이 책을 통해 사회적 지원의 사각지대에 놓인 저시력인과의 행복한 동행에 공감할 수 있기를 바랍니다.

  - 신효순(사단법인 한국시기능훈련교육협회 이사장)

보이지만 보이지 않는 삶

　나는 정안인입니다. '정안인'은 보는 사람을 뜻합니다. 처음 저시력인을 만난 건 24살, 시각장애 복지관에서 바이올린을 가르칠 때였습니다. 시각장애 복지관에서 근무하거나 이용하는 많은 분이 시각장애인이라고 알았지만, 나와 업무를 같이 하던 선생님이 시각장애인인 줄 몰랐습니다. 볼록렌즈 안경을 끼고 모니터를 봤고 복지관을 더듬거리지 않고 혼자 잘 다니셨거든요.

　나중에 특수교육과 대학원에 입학하면서 시각장애는 '맹'과 '저시력'으로 나눈다는 걸 알았습니다. '맹'은 눈이 안 보이는 사람을 말합니다. '저시력'은 시력과 시야가 얼마 남지 않은 상태로 흔히 말하는 눈이 나쁜 사람, 눈이 아주 나빠 시각장애인이 된 사람입니다. 맹 시각장애인과 함게 있으면 사물과 주변 환경을 말로 설명합니다. 그런데 저시력 시각장애인과 함께 있을 때는 상황을 설명해야 하나 말아야 하나 고민을 할 때가 많습니다.

나는 저시력인은 얼마나 보일까, 어떻게 보고 살아갈까 하는 고민으로 시작해서 어린 자녀가 저시력이라면 어떻게 키워야 할까, 성인이 저시력이라면 직장에서 어떤 모습으로 살아갈까 하고 고민이 가득한 시간을 보냈습니다. 이런 고민을 담아 연구하고 논문을 발표했지만, 혼자만 외롭게 떠드는 것 같았습니다.

결국 저시력인 스스로 자신의 장애를 올바르게 이해하고, 우리 사회에서 도움과 지원을 받을 수 있는 범위에 대한 논의가 많이 이루어져 장애를 바라보는 시선이 긍정적으로 변해야 한다는 결론으로 이어졌습니다. 사회적 인식에 변화가 없으면 저시력인 혼자 많은 어려움을 감내하는 삶을 계속해서 살아갈 수밖에 없습니다.

그래서 여러분께 두 분의 저시력인을 소개하려고 합니다. 차향미, 김창수 선생님은 2012년 대학원에서 만났습니다. 두 분은 나이가 어린 정안인이 '시각장애 교육' 전공에 들어왔다는 이유만으로 나를 따뜻하게 격려해 주셨습니다. 박사 입학 동기인 차향미 선생님은 저시력인의 눈과 삶에 대해 하나하나 설명해 주셨고, 김창수 선생님은 살아오면서 변화된 생각과 주변의 시선에 대해 말씀해 주셨습니다.

차향미, 김창수 선생님은 국내에 '특수교육', '장애 학생 지원'이라는 말이 생소할 때 공교육을 받고 특수교육과에 진학한 후 현재 시각장애 특수학교에서 교사로 근무합니다. 저시력인으로 오랜 시간 사회인으로 살아가기 위해 다양한 지혜를 터득했으며 가정에서는 자녀를 돌보며 집안 살림도 잘 꾸리고 계십니다. 이를 곁에서 지켜보며 나는 글을 함께 써보자고 했습니다. 이미 저시력 관련 연구 등 많은 일을 하셨지만, 연구만으로는 인식이 바뀌지 않으니 저시력인 스스로가 말을 해보자고요. 이 책은 그렇게 두 분이 까마득히 어린 후배의 제안에 동참하면서 시작되었습니다.

차향미 선생님은 저시력인이자 여성이며 엄마, 직장인으로서 느낀, 그 누구와도 깊게 이야기한 적 없는 감정을 소상히 적었습니다. 김창수 선생님은 지금까지 지내온 세월에 대한 감사와 성찰을 기반으로 글을 써주셨습니다. 두 아이의 엄마이자 연구자로서 나는 저시력인 교육의 지원 방향에 관한 이야기를 했습니다. 독자 여러분은 아마 저시력인이 마주치는 현실과 삶에 대한 다양한 시각의 글을 읽으며 안타깝기도, 놀랍기도 할 것이며 명랑한 감정 또한 느낄 것입니다.

이 책에서 나는 저시력에 대한 이론을, 공동 저자인 두 분의 선생님은 두 분 자신의 실제 삶을 이야기할 것입니다. 저시력 관련 특수교사는 물론, 저시력 학생이 다니는 통합학급 선생님, 복지관 선생님, 안경 광학자, 안과 의사, 시기능 훈련 선생님, 각종 재활 관련 선생님 그리고 부모님을 포함한 저시력인의 가족, 누구보다 당사자인 시각장애인이 이 책을 읽으며 저시력인의 삶을 총체적으로 이해하길 바랍니다. 그리고 '눈이 보이지만 시각장애라고?' 놀라는 독자에게 건네는 책이기도 합니다. 눈이 보이는 시각장애인이 어떤 감각으로 살아가는지, 어떤 생각을 하는지 두 분의 선생님이 친절하게 답하실 겁니다.

자신의 문제만 어렵고 힘들다는 생각에 매몰되기 쉬운 세상입니다. 또 나와 다른 의견을 가진 이들을 배척하기 쉬운 세상이지요. 이런 세상에서 같은 사물을 보고 같은 상황에 놓여있으나 다르게 해석하는 저시력인의 삶을 자세히 들여다보는 것 자체로 자신의 문제에만 고립되지 않게 될 것입니다.

겉으로 드러나는 모습, 대화를 통해 알 수 있는 정서만이 사람을 이해하는 방법이라고 생각했습니다. 그러나 저시력인들과 만나면서 나와는 다르게 감각을 사용하는 사람들의 특이성에 주목하게 되었습니다. 저시력인과 함께 친구로, 교육자로 지내면서 이야기를 많이 들었고, 다양한 감각을 살아가는 삶을 주목하면서 그들에 대해 알아가기 시작했습니다. 저시력인들과 나눈 대화는 타인을 폭넓게 이해하게 만들어 주었습니다. 이 과정에서 나는 타인을 환대할 힘이 생겼습니다.

이 책은 장애 영역에서도 변방에 있는 저시력인 이야기입니다. 하지만 사람을 이해하려는 노력이야말로 삶을 더욱 가치 있게 만든다는 것을 이 책을 통해 여러분도 느끼실 겁니다. 저시력에 대한 책을 환영하며 기꺼이 손을 잡아주신 초록비책공방, 고맙습니다. 추천사를 써주신 분들께도 감사드립니다.

그럼, 저시력인은 어떤 사람들인지 자세히 살펴보도록 하겠습니다.

차향미 선생님은 선천성 악성 고도근시로 아주 가까이에 있는 것만 선명하게 보입니다. 책을 코에 닿을 정도로 가까이에 두면 글자를 읽을 수 있지만, 사람은 1, 2미터만 떨어져도 못 알아봅니다.

시각적 특성으로 인해 예민한 청소년기를 거치며 미래에 대한 희망을 품을 수 없었지만, 시각장애 특수학교에 진학하고 나서 자존감을 회복하게 되었습니다. 이후 대구대학교 특수교육과를 졸업해서 시각장애 특수학교의 교사가 되었습니다. 현재는 교직 경력 30년이 넘는 시점에 이르렀습니다.

여러 안질환으로 인해 일상과 사회생활에 불편이 하나씩 늘어가는 것처럼 주부와 교사로서 책임을 다하기 위해 이런 불편을 대체하고 보상하는 삶의 기술과 지혜도 함께 늘어났습니다. 이제 60대를 앞둔 선생님은 얼마나 더 나빠질지, 앞으로의 생활을 어떻게 대비해야 할지 문득 덜컥거리는 마음이 들겠지만 늘 그러했듯이 지혜롭게 삶을 살아가시겠지요.

차향미 선생님은 본인이 어떻게 세상을 보는지, 시각손상으로 어떤 불편함을 겪는지, 그로 인해 사람들과의 관계에서 얼마나 마음이 힘든지를 이 책에 솔직하게 털어놨습니다. 이렇게 쓴 글은 선생님에게도 읽는 독자에게도 아픔이 되기도 하며 위로가 느껴지기도 할 것입니다.

선생님은 '다채롭다'라는 단어를 좋아한다고 해요. 본인의 '다채로운 시지각'을 통해 다채롭게 경험하는 일상을 독자에게 전할 기회가 있어서 아주 특별하다고요. 이 책으로 저마다의 인생에서 만나는 사람들을 이해하는 데 작은 보탬이 되기를 바라고 있습니다.

김창수 님을 소개합니다

　　이 책의 공동 저자 김창수 선생님은 현재 시각장애 특수학교인 '명진학교'에서 근무하고 있으며 교사를 거쳐 현재 교감으로 재직 중입니다. '명진학교'는 강원도에 있는 유일한 시각장애 특수학교로서 유치원, 초등부, 중학부, 고등부, 전공과까지 3세 아이부터 60세가 넘는 어르신에 이르는 다양한 연령층과 각기 다른 장애 특성을 가진 학생들이 재학하고 있습니다.

　　김창수 선생님은 경북 의성의 산골 마을에서 태어나 두 살 때 얻은 열병으로 '시신경위축증'과 '각막염'으로 양쪽 시력이 모두 잘 볼 수 없는 상태이며 시골에서 초중고를 다니고 대구대학교 특수교육과를 졸업하였습니다. 따라서 의도하지 않게 통합교육의 현장을 경험한 사례자가 되었고,

그 덕에 이 책에 다양한 에피소드를 쓸 수 있었습니다. 대학을 졸업하고 교사가 된 후에는 초등부 담임과 이료 교과를 담당하였습니다.

저시력 교사로서 느꼈던 고충과 보람, 열정 등을 회상하며 30년 간의 사회생활에서 겪은 난관과 그것을 이겨 내왔던 지혜와 극복의 과정을 솔직하고 소탈하게 작성했습니다. 정안인 여성과 결혼하고 두 자녀를 둔 가장으로서 어려움과 소소한 행복도 소개합니다. 선생님은 일반 학교 교육 환경에서 적응하면서 살아왔기 때문에 표준화된 저시력인의 생활 적응 방식과는 다소 차이가 있습니다. 본인이 겪은 곤란을 후배 저시력인들이 반복하지 않게 이 책이 작은 이정표가 되었으면 하는 바람이 있습니다.

이 책에서 김창수 선생님은 어려움 속에서도 긍정적인 삶의 방향을 찾으려는 노력과 지극히 평범한 사회의 한 구성원으로서 자긍심을 느끼며 살아가는 이야기를 전하고 있습니다.

차례

1부 저시력인은 얼마나 보일까

2부 저시력인은 어떻게 볼까

3부   저시력인과 함께 보기

4부 선명하게 살아가기

1부

저시력인은

얼마나

보일까

저시력인은
어떤 사람?

여러분은 정안인인가요? '정안인'은 시각장애인과 반대되는 말로 시각장애가 없는 사람을 말합니다. 반면 '시각장애인'은 시각의 결함으로 일상에서 어려움을 겪는 사람을 뜻합니다. 지하철에 안내견을 데리고 탄다거나 딱딱 소리가 나는 흰지팡이를 짚은 시각장애인이 걸어온다면 모두가 알아차리고는 길을 비켜주지요. 왜일까요? 그 사람이 지니고 있을 불편이 예상되기 때문입니다. 어두운 밤, 불 꺼진 방에서 물건을 찾을 때처럼요. 우리는 보이지 않으니 참 불편하다고 느끼게 됩니다. 눈으로 잘 볼 수 없기 때문이지요. 맞습니다. 시각장애인은 눈이 보이지 않아 불편한 사람입니다.

맹과 저시력

    시각장애는 크게 두 분류로 나뉩니다. 첫 번째 흔히 시각장애인이라면 떠올리는 '맹' 상태의 시각장애인입니다. 그러니까 매체에서 많이 보았던 전혀 눈이 보이지 않아 촉각, 청각, 후각으로 세상을 유추하며 살아가는 장애인이지요. 두 번째 맹은 아니지만 정안인과 같은 시력도 아닌 '저시력인'입니다.

    시각장애인의 다른 존재 형태인 저시력(Low Vision)은 다양한 용어로 불립니다. 우리나라는 일본에서 번역된 '약시(Partial Sight)'라는 단어를 오래 사용해 왔습니다. '부분 실명(Partial Blindness)', '시력 저하(Poor Vision)' 등 명칭에 따른 정의가 여럿 있습니다. 그런가 하면 영미권에서는 '게으른 눈(Lazy Eye)'이라고도 표현하는데, 주로 안구 질환이 없고 신경학적으로 정상인 경우에 한정하는 단어입니다. 하지만 시각이 있어도 실제 삶에서 시각적으로 해결하기 어려운 문제가 많습니다.

    그러나 사람들은 저시력을 눈이 나빠서 불편한 정도로만 인식합니다. 그래서 '안경을 쓰면 보이지 않아?', '수술하면 되지 않아?' 하는 질문을 많이 합니다. 저시력은 안경, 콘택트렌즈, 약물치료, 수술 등 그러니까 최선을 다한 의료 행위에도 잘 보이지 않습니다. 저시력은 두 눈 중 좋은 눈의 교정시력(안경 착용)이 0.3 이하이거나 시야가 10도 이내로 줄어든 상태입니다. 두 눈 중 좋은 눈의 교정시력이 0.3 이하라는 건 병원에서 치료를 받고 안경을 쓰더라도 시력표에서 가장 큰 그림이 있는 첫 3~4줄만을 볼 수 있다는 이야기입니다. 다시 말해 가장 좋은 시력으로 큰 글자만 읽을 수 있습니다. 그리고 시야가 10도 이내라는 건, 이렇게 설명해 볼까요? 한쪽 눈은 가리거나 감고 손을 동그랗게 말아 망원경 모양으로 만든 뒤 다른 쪽의 눈에 가져다 대어보세요. 그 상태로 주변 풍경을 보면 시야가 어떤가요? 오랜 시간이 걸려야 공간을 제대로 이해할 수 있을 겁니다.

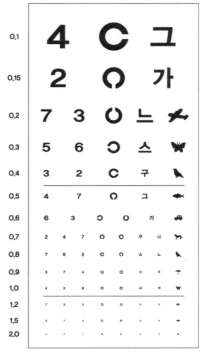

● 한천석 시력표

그러니 요즘 유행하는 라식, 라섹과 같은 안과 수술, 고도의 광학이 만들어낸 안경으로도 시력이 교정되지 않습니다. 좀 더 포괄적으로 저시력은 TV 보기, 독서, 글쓰기, 쇼핑, 요리, 운전, 여행 등의 일상에 지장을 주는 시력 및 시기능에 문제가 있는 모든 경우를 포함합니다.

그렇다면 시기능에 문제가 있는 경우는 어떤 증상이 있을까요? 흔히 알고 있는 '근시'는 먼 곳이 잘 안 보이고 가까운 곳이 잘 보이는 상태를 말합니다. 그러나 저시력으로 판정받는 '고도근시'는 먼 곳도 가까운 곳도 선명하게 보이지 않을뿐더러 망막이 늘어나 망막박리가 생길 수 있습니다. 두꺼운 오목렌즈 안경을 쓰지요. 반대로 먼 곳이 잘 보이고 가까운 곳이 잘 안 보이는 '원시'도 시각장애의 원인이 됩니다. 고도근시와 마찬가지로 먼 곳도 가까운 곳도 선명하지 않고 눈의 피로감이 심합니다. 두꺼운 볼록렌즈의 안경을 쓰게 됩니다. 상이 왜곡되어 보이는 '난시' 역시 특별한 안경 렌즈를 맞춰야 합니다. 또 어떤 경우는 한쪽 눈은 근시, 다른 쪽 눈은 원시로 인해 서로 다른 렌즈로 안경을 맞춰야 합니다.

또한 저시력인이 가지고 있는 안질환에 따라서도 보는 것이 달라집니다. 흐리게 보이기도 하고 가운데만 보이기도 하고 가운데가 안 보이기도 하지요. 때로 시야가 가려 일부만 보이기도 합니다. 그리고 두 개가 겹쳐 보이는 '복시'의 현상도 있습니다.

다음에 보이는 사진은 제 아이의 백일 사진입니다. 흰 곰돌이 인형 사이에 흰옷을 입은 아기가 앉아 있습니다. 저시력인 대부분은 아이와 곰돌이 인형을 가름하기 어려울

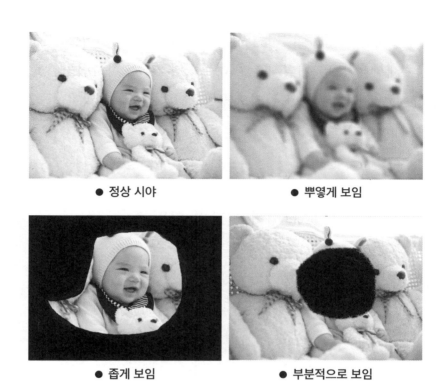

● 정상 시야　　　　　　　　● 뿌옇게 보임

● 좁게 보임　　　　　　　　● 부분적으로 보임

거예요. 색상이 두드러지지 않고, 형태도 비슷하기 때문입니다. 저시력인이 보는 실제 모습 중 가장 많은 증상은 뿌옇게 보이는 것(백내장, 각막혼탁)입니다. 다음으로 '터널시야'라고 하여 좁은 시야로 보이는 것(녹내장, 시야 협착, 망막색소변성) 그리고 암점(황반변성, 망막박리, 망막 암점)이 중간중간 있어 보이지 않는 부분이 있는 것으로 나타납니다.

　흐리게 보이거나 시야가 좁거나 때로는 가운데가 잘 보이지 않는 눈으로 일상은 물론 학교 공부, 직장 업무도 해내야 하는 사람들이 '저시력 시각장애인'입니다. 이들이 보는 세상은 모두 개별적으로 다릅니다. 같은 저시력인이라도 시야가 좁은 대신 선명하게 보이거나 시야가 넓지만 흐릿하게 보일 수도 있지요.

저시력 진단과 지원

이렇게 눈이 보이지만 잘은 보이지 않는 시각장애인을 저시력인이라고 부릅니다. 보건복지부에서 시각장애인으로 진단받으면 장애인 등록이 되어 다양한 지원을 받을 수 있습니다. 장애정도 기준은 [표]와 같습니다.

보건복지부에서는 '장애의 정도가 심한 장애인', '장애의 정도가 심하지 않은 장애인'이라는 명칭으로 이들을 지원하고 있습니다. 장애 정도에 따라 지원하기에 보건복지부에서는 저시력이라는 용어는 사용하지 않습니다. 장애의 정도가 심한 장애인은 '맹', 장애의 정도가 심하지 않은 장애인은 '저시력'이라고 생각할 수 있지만 실제로 그렇지 않습니다. 장애 정도가 심해도 볼 수 있는 시력이 남아 있어 저시력으로 살아가기도 합니다. 장애의 정도에 따라 장애인 수당, 공과금, 의료비를 보조받고 보조기기, 교통비, 교육비, 시각장애 기관 서비스 등을 지원받을 수 있습니다. 장애인 등록을 위해서는 의

〔표〕 장애 정도 기준

장애 정도	장애 상태
장애의 정도가 심한 장애인	1. 좋은 눈의 시력이 0.02 이하인 사람 2. 좋은 눈의 시력이 0.04 이하인 사람 3. 좋은 눈의 시력이 0.06 이하인 사람 4. 두 눈의 시야가 각각 모든 방향에서 5도 이하로 남은 사람
장애의 정도가 심하지 않은 장애인	1. 좋은 눈의 시력이 0.1 이하인 사람 2. 두 눈의 시야가 각각 모든 방향에서 10도 이하로 남은 사람 3. 좋은 눈의 시력이 0.2 이하인 사람 4. 두 눈의 시야가 각각 정상 시야의 50% 이상 감소한 사람 5. 나쁜 눈의 시력이 0.02 이하인 사람 6. 두 눈의 중심 시야에서 20도 이내에 겹보임(복시)이 있는 사람

사의 진단이 필요합니다.

학령기 저시력인의 경우에는 「장애인 등에 대한 특수교육법」에 따라 시각장애를 지닌 '특수교육 대상자'로 선정합니다. 대상자 선정 기준은 "시각계의 손상이 심해 시각기능을 전혀 이용하지 못하거나 보조공학기기의 지원을 받아야 시각적 과제를 수행할 수 있는 사람으로서 시각에 따른 학습이 곤란해서 특정 광학기구·학습 매체 등을 통해 학습하거나 촉각 또는 청각을 학습의 주요 수단으로 사용하

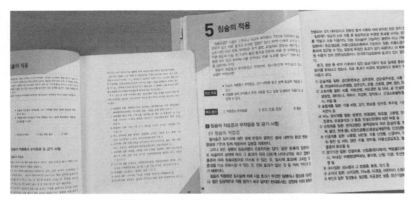

● 이료 교과의 일반 교과서와 확대 교과서

는 사람"이라고 밝히고 있습니다.

　교실에서 학생들은 시력이 좋지 않더라도 안경이나 콘택트렌즈를 착용하여 수업에 참여할 수 있지만, 저시력 학생은 '확대경'이라고 부르는 돋보기나 기존 교과서에서 150퍼센트 확대된 '확대 교과서'와 같은 학습 도구를 제공받지 않으면 자신의 시각 상태로는 학습하기가 곤란합니다. 수업은 대부분 보는 것 위주니까요.

　다음 페이지의 사진은 '확대 독서기'라고 불리는 보조 공학기기입니다. 카메라가 비추는 바닥에 책을 놓으면 화면 가득 확대된 글자가 들어오는 것이죠. 확대 독서기마다 사양이 다르지만, 선생님 판서를 카메라로 담아 확대해서 볼 수 있게 만든 모델도 있습니다.

　이렇듯 사회적, 법적, 교육적 지원이 필요한 이들이 저

● 확대 독서기

시력인입니다. 장애 진단을 통해 보건복지부와 교육부에서
정한 지원을 받을 수 있습니다. 지원의 방향과 방법은 연령
과 거주지에 따라 상이합니다. 학생이라면 각 시도 교육지
원청의 특수교육지원센터에 문의하면 됩니다. 지역마다 시
각장애 거점 특수교육지원센터가 있습니다.

특수교육지원센터에서는 학생에게 필요한 글자 매체
를 선정해 줍니다. 예를 들어 몇 포인트로 인쇄된 글자가
눈에 잘 들어오는지, 어떤 색의 글씨를 써야 할지, 책의 흰
색 바탕이 눈부실 경우 검은색이 좋은지, 때로는 점자를 사
용해야 할지를 결정하지요.

그리고 확대 독서기 등의 사용 방법을 배우기도 하며
상담을 진행합니다. 성인 또한 각 지역의 시각장애인 연합
회, 시각장애인 복지관에 문의하면 보행, 보조공학기기, 직

업재활 등에 대한 교육과 상담을 받을 수 있습니다.

시각장애인 통계의 의미

장애의 정도가 심한 장애인인 '맹 시각장애인'이 많을까요? 장애의 정도가 심하지 않은 장애인인 '저시력 시각장애인'이 많을까요? 2024년 보건복지부 등록장애인 현황에 따르면 시각장애인 24만 8,360명 중 장애의 정도가 심한 장애인은 4만 5,806명, 장애의 정도가 심하지 않은 장애인은 20만 2,554명으로 나타났습니다. 전체 시각장애인의 81.4퍼센트가 장애의 정도가 심하지 않은 장애인, 즉 저시력 시각장애인인 것입니다.

또한 2017년 '국민건강영양조사'를 바탕으로 한 국내 저시력인의 유병률과 출현율에 대한 연구에서 전체 인구 중 1.46퍼센트를 저시력 인구로 추정할 수 있다고 보고했습니다.[1] 대한민국 인구 5천만 명 중 약 73만 명에 달하는 인구를 저시력으로 예측할 수 있다는 것이죠. 법적 기준에 미치지 못해 어려움을 겪는 시각장애인이 50만 명은 더 존재한다고 보고 있습니다.

저시력이라는 장애 명을 부여받지 않고 그저 시력이 나쁠 뿐이라고 생각하며 살아가는 사람들은 발견되기 쉽지 않습니다. 발견되지 못한 대다수의 저시력인은 안 보이는 세상을 유지하며 살고 있다고 해석할 수 있습니다. 그 때문에 저시력에 대한 지식을 우리 사회가 보편적으로 알아야 한다고 생각합니다. 신

차향미의
눈에 관한 이야기

나는 선천성 악성 고도근시를 가지고 있고 오른쪽 눈은 보이지 않습니다. 햇빛에 나가면 눈부심이 심합니다. 떨어진 망막을 수술한 자국과 '고도근시'에 의한 변성으로 망막에 다양한 크기의 암점이 많습니다. 안구건조증이 심해서 대체로 눈이 충혈되어 있습니다. 내 눈에 대한 안과학적 상태는 이렇게 4개 정도로 정리할 수 있지만 이로 인한 어려움은 매우 다양합니다.

마이너스 20디옵터가 넘는 고도근시 안경은 매우 두껍고 무겁습니다. 외관상 이상해서 어릴 때는 잘 쓰지 않으려고 했습니다. '디옵터'는 안경 도수의 단위로 마이너스 20디옵터는 물건을 눈에서 약 5센티미터 앞까지 가져와야 선명하게 보입니다. 그러니까 책을 읽으려 해도 코 앞까지 가까이 두어야 하고 오래 읽다 보면 팔이 아파서 책을 보기가 힘이 듭니다. 또 글씨를 써야 할 때는 책상 위의 노트에 코를 박듯이 고개를 숙여야 하는데, 역시나 오래 쓰다 보면 구부정한 등이 아파 옵니다. 어쩌면 지금의 일자 척추는 성장기에 고개를 푹 숙이고 했던 근거리 작업이 그 원인이 아닌가 생각합니다.

멀리 있는 것이 안 보이는 고도근시이다 보니, 버스 번호나 가게 간판을 보거나 영화 관람과 같은 원거리의 시지각에 어려움이 있습니다. 멀리서 걸어오는 사람을 알아보지 못해 인사할 타이밍을 놓치기 일쑤여서 인사성이 없다는 오해를 많이 받았습니다. 이런 말이 듣기 싫어 바닥을 바라보며 걸어 다녔더니 인상이 차갑다거나 무뚝뚝하다는 말을 듣게 되었고요. 나는 성격이 밝고 사람과 만나는 일을 좋아하는데 말이지요.

자외선을 받으면 변색하는 안경을 끼고 있지만 햇빛이 쨍쨍할 때면 눈을 찌푸리게 됩니다. 심하면 눈물이 흐르기도 하고 재채기가 나기도 합니다. 이럴 때는 눈을 가늘게 떠서 가시광선의 유입을 최소화합니다. 그런 시야에서는 누가 지나가는지 어떤 위험 요소가 있는지 알아차릴 수가 없는 데다가 찌푸린 인상은 나의 이미지마저 안 좋게 만드는 것 같습니다.

고도근시의 안구는 망막이 얇아서 물리적 충격을 조심해야 합니다. 내가 언제 어떻게 충격을 받았는지 모르지만, 오른쪽 망막이 완전히 떨어져서 실명된 걸 8살 때 알았습니다. 고등학교 2학년 때는 왼쪽 눈을 배구공에 맞아 망막이 반 이상 박리되어 처음으로 '공막돌륭술'을 받았습니다. 그러나 한 달 후에 다시 떨어져서 두 번째 공막돌륭술을 받아 망막을 붙였습니다. 수술한 망막 부위는 광각 기능이 상실되므로 주변 시야가 전반적으로 좁아졌고, 코 쪽의 시야는 3분의 1 정도가 보이지 않게 되었습니다. 공막돌륭술은 망막의 바깥쪽에 실리콘 조각을 집어넣어 박리되었던 망막이 혈관 막에 수동적으로 붙도록 하는 수술입니다. 지금도 눈꺼풀 겉을 만지면 실리콘 조각을 넣어 불룩하게 튀어나온 공막 표면이 만져집니다.

　　공막돌륭술 후에는 약한 망막에 가해지는 자극이 불빛으로 보이는 '광시증'이 생겼는데, 이 '자극'이란 복압 상승(기침, 배변 등), 하품, 무거운 물건 들기, 소리 지르기, 갑작스러운 빛의 노출, 물리적 충격 등 다양합니다. 이런 자극을 받을 때마다 크고 작은 전구 모양의 불빛이 시야 여기저기에서 흘러내리거나 굴러다닙니다. 그리고 수술 후 생긴 자잘한 이물질이 벌레나 먼지처럼 안구 내 유리체 속을 떠다니는데, 이를 의학 용어로는 '비문증'이라고 합니다.

　　박리된 망막은 시간이 지나면서 작은 열공이 생기는데

요. 나는 열공이 확장되어 더 크게 박리되는 것을 예방하기 위해 레이저로 망막을 응고시키는 '레이저 광응고술'을 받았습니다. 레이저 광응고술은 망막박리의 확장은 막지만 레이저를 조사받은 망막 부위는 기능을 잃어 암점이 됩니다. 50살이 넘으면서부터는 중심부에 고도근시에 의한 변성이 시작되면서 작은 암점들이 추가되어 암점의 개수는 계속 늘어나고 있습니다.

색깔을 감지하는 추체세포가 밀집된 망막 중심부의 변성으로, 색을 구분하기가 힘듭니다. 그래서 파란색이나 빨간색 볼펜을 검은색인 줄 알고 서명한 적도 있습니다. 목적지를 찾기 위해 간판을 보며 걷다가 인도에 놓여있는 장애물을 보지 못하고 넘어지거나 부딪히기도 합니다. 옷에 묻은 얼룩을 발견하지 못할 때도 많은데 옷매무새를 다듬는 우연한 손끝에 이물감이 느껴져 발견하기도 하고, 누군가 말을 해주어 알게 되기도 합니다. 그럴 때마다 자존심이 좀 상하지만, 이젠 대수롭지 않게 마음의 스크래치를 덮고 지나가곤 합니다. 그러면서 혹시 발견하지 못하고 누가 얘기해 주지 않아서 얼룩진 옷을 혹은 얼굴을 하고 다닌 적이 몇 번이나 있었을까 생각합니다.

저시력의 시작은 선천성 악성 고도근시이지만 17세에 망막이 박리되고, 30대엔 안압이 상승하여 약을 넣기 시작, 40대에는 안구건조증이 심하게 생겨서 수시로 인

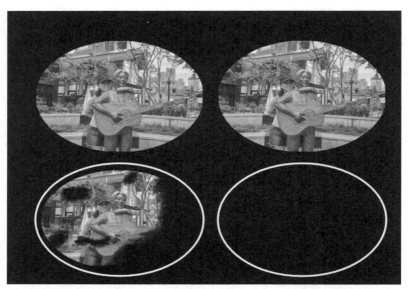

● 위는 정상 시야. 아래는 차향미 시야(좌안: 전체적으로 흐리게 보이면서 시야의 테두리 부분, 코쪽, 아래쪽이 보이지 않으며 중간중간 크고 작은 암점이 있음 / 우안: 실명 상태)

공눈물을 넣으면서 생활하게 되었습니다. 눈이 건조하면 각막이 상하게 되어 투명해야 하는 각막에 이물이 끼게 됩니다. 그러면 시야가 뿌옇게 보이게 되고, 그럴 때마다 그 이물을 녹여 제거하는 의료 처치를 받습니다.

아침에 일어나면 밤새 진득해진 안구 분비물을 인공눈물로 흘러내려 깨끗해진 눈에 각막 손상 치료제와 안압 약을 넣습니다. 하루에도 수시로 인공눈물을 넣고 저녁에 다시 각막 손상 치료제와 안압 약을 넣고, 잠에 들기 전 안압 약을 추가로 넣습니다. 눈이 매우 불편하고 이물감이 심할 때는 각막

보호 연고를 마지막으로 넣고, 눈 찜질을 위해 온열 아이 마스크를 하고 잠을 청하기도 합니다.

50대 중반에 들어선 지금은 양 눈에 다래끼가 번갈아 가며 생기는데, 그럴 때는 항생제 안약과 항생제 연고도 추가되어 하루 중에 넣는 약이 더 많아지게 됩니다.

이제는 더 이상 눈에 대한 어려움이 보태지지 않았으면 좋겠습니다. 차

김창수의
눈에 관한
이야기

나는 두 눈 모두 시신경 위축과 각막염이 있습니다. 좌안은 0.02 정도이며 우안은 형체를 흐리게 구분하는 수준입니다. 사실 측정은 큰 의미는 없지요. 눈부심이나 비문증 같은 추가적인 증상은 없지만 좌우 시력 차이가 커서 주로 왼쪽 시력을 활용하고 있고, 이로 인해 몸이 오른쪽으로 틀어져 목과 왼쪽 후두신경통을 일으키는 원인이 되었습니다.

눈의 문제는 생후 6개월경 어머니가 갑작스럽게 돌아가신 후에 시작되었습니다. 당시 모유 수유를 할 수 없게 되면서 극심한 영양실조로 인해 눈에 백태가 생겼습니다. 집안 어른들은 민간요법을 시도했고, 이웃 마을 노파가 바

늘 같은 것으로 백태를 잘 걷어낸다는 소식을 듣고는 위험한 시술을 받기도 했습니다. 이러한 민간요법으로 인해 각막에 상처가 나고 염증이 악화했을 가능성이 큽니다. 영양실조로 인한 시신경 발달 중단과 물리적 자극에 의한 각막손상이 지금의 내 눈 상태를 결정지은 것 같아요.

14살 때 중학교 담임선생님의 도움으로 종합병원 검진을 갈 수 있었습니다. 그해 마침 우리나라에 방문한 로마 교황님의 행사가 있었는데, 교황님의 방문을 기념해서 무료 안과 검진과 개안수술 사업이 있었습니다. 교실의 맨 앞자리에 앉아도 칠판 글자를 볼 수 없는 나를 안타깝게 여기던 담임선생님이 추천서를 써 주셔서 대구 파티마병원에서 처음 진단을 받았습니다. 의사 선생님은 시신경이 만 2세까지 성장하다 멈춘 상태라고 설명했습니다. 나이가 들면 좋아질 것이라고 위로하던 어른들의 말씀이 틀렸다는 사실과 앞으로 많은 어려움을 겪으면서 살아가야 한다는 막막함에 나도 울고 아버지도 울었습니다.

제일 불편한 것은 책을 매우 가까이에서 봐야 한다는 점, 사람의 표정이나 인상을 20센티미터 이내에서 보지 않으면 구분할 수 없다는 점, 밤에 신호등 불빛을 구분할 수 없어 교차로가 부담스러운 점, 대형 건물에 있는 유리로 된 자동문을 구별하지 못해 자주 부딪히는 보행의 어려움 등이 있습니다. 왼쪽 눈 위주로 시력을 활용하기 때문에 시야가 좁아서 가끔 물건에 얼굴을 부딪치곤 하는데, 그러다 오른쪽 얼굴에 상처를 남기곤 합니다.

글자 읽는 속도가 느려서 업무 처리에 시간이 오래 걸리지만 정확하고 멋지게 해내려고 노력합니다. 시각장애라는 이유로 업무를 잘 처리하지 못한다느니 능력이 부족하다느니 하는 고정관념을 심어주고 싶진 않습니다. 사실 업무 처리를 정확하게 하지 못할 이유는 없거든요. 한두 시간 먼저 준비하고 조금 더 신경 쓰면 되니까요. 요즘은 한글 프로그램의 기능을 활용하여 글자 크기를 크게 키워서 작업하고 정리할 때는 원래 글자 크기로 되돌리는 나름의 방법을 찾았습니다.

조문을 다녀오느라 잠을 거의 못 잔 월요일, 어김없이 눈이 침침합니다. 따끔거리고 흐릿하게 보이면서 뒷머리가 아파집니다. 하지만 월요일 아침부터 사무실 책상 위에 쌓이는 공문은 많고, 나는 쉴 수 없는 처지입니다. 내가 멈추면 우리 학교 행정의 흐름이 멈추게 되니까요. 보통은 교감이 학교에 오는 공문을 검토해서 부서별로 업무 방향을 설정해 주고 처리 기한을 안내합니다. 업무의 구체적인 협의를 진행해야 하니, 공문 한 건 한 건을 자세히 숙지하고 검토해야 해요.

하는 수 없이 눈을 모니터 앞으로 가까이 당겨 봅니다. 조금 선명한 느낌이 듭니다. 공문 파일을 열어 글자 크기를 크게 하고 '진하게'를 설정합니다. 선명하게 잘 보이네요. 다 읽고 공문을 닫으면서 '저장 안 함'을 선택합니다. 때마침 현장 체험 학습 일정을 보고하려고 들어온 선생님이 걱정 어린 시선(그렇게 모니터를 가까이 보면 눈에 좋지 않을 텐데…)을 보냅니다. 이런 상황에는 익숙해서 별로 신경 쓰이지 않아요. 뭐, 다른 사람의 시선을 의식해서 몸의 자세를 바꾸다가 업무가 지연되면 결국 힘들어지는 건 나 자신이고 그렇게 신경 쓴다 해도 특별히 달라질 것도 없잖아요?

그러다가 뒷머리가 아프니 자연스럽게 검색 창에 '뒷머리 통증'이라고 검색해 봅니다. 거의 습관처럼 반복되는 통증이지만 다른 사람들도 그런 증상이 있는지, 큰 병은 아닌지 궁금해집니다. '후두신경통' 증상으로 원인은 신경 압박 또는 손상, 염증, 양성 종양 등이지만 뚜렷한 원인을 찾지 못하는 경우도 많다고 하네요. 사실 지난번에도 조회해 본 적이 있지만, 혹시 다른 희망적인 사례는 없는지 찾아보았습니다. 변함없는 검색 결과를 읽으니 씁쓸해지네요. 김

사회적으로
인정받지 못하는
장애

저시력인은 앞서 살핀 것과 같이 의학적 기준과 법적인 지원의 범위 또한 명확합니다. 하지만 '저시력'이라는 진단명이 아닌 '보이는 시각장애인'이라는 모호한 장애 명을 부여받았습니다. 나는 저시력인을 관찰하면서 도움이 필요한 시각장애인이라는 의미를 드러내고 싶었습니다. '눈이 보이지만 보이지 않는, 불편하지만 불편하지 않은 삶'을 살아가는 이들을 다시 해석하여 저시력인을 새롭게 정의하는 연구를 했습니다.[2]

연구한 내용을 바탕으로 보이지 않는 것을 추측하며 살아가는 저시력인을 살펴보겠습니다.

눈이 보이지만 보이지 않는 사람

학회 참석차 차향미 선생님과 나는 일본을 다녀왔습니다. 일본은 아직 카드 결제 시 카드 영수증을 건네받아 직접 펜으로 카드 용지에 사인해야 하는 가게가 있습니다. 어느 매장에선가 결제한 후 종업원이 선생님에게 카드 영수증을 건네주었습니다. 영수증을 건네받았고 사인하라는 언어적 지시도 받았지만, 선생님은 사인해야 할 빈칸의 위치를 파악할 수 없었습니다. 이렇듯 저시력인은 종이가 건네진 것은 보이지만 그 외 세부적인 내용은 알 수 없습니다.

한 가지 사례를 더 들자면 차향미 선생님과 수서역에서 만나 학회에 가는 날이었습니다. 수서역은 노선이 여러 개 있어서 매우 복잡합니다. 선생님의 위치를 알기 위해 통화를 했을 때 선생님은 바닥에 쓰인 글씨를 보고 대답했고 나는 역의 천장에 붙어있는 안내판을 찾았습니다. 선생님의 시야로 볼 때 바닥을 보는 것이 편하기 때문이지요. 이것이 정안인과 저시력인이 바라보는 관점이 다르다는 걸 보여주는 예입니다.

저시력인이 느끼는 불편함을 정안인은 쉽게 알아차리지 못합니다. 햇빛이 부신 날, 신호등이 초록불로 바뀌고 횡단보도를 건너려는데, 저시력인 지인은 그 자리에 서 있었습니다. 내가 건너는 게 보이지 않았던 게지요. 만약 그 자리에 맹 시각장애인이 서 있었다면 아마 "초록불입니다."라고 말하며 팔꿈치를 잡는 '안내 보행'을 하고서 함께 걸어갔을 겁니다. 그러나 저시력인은 옆 사람이 움직이는 것을 볼 수 있고 신호등 불빛을 볼 때도 있으니 당연히 혼자 이동할 수 있다고 생각했던 것이지요. 눈부심에 대한 고통이 정안인보다 상대적으로 크다고 알고 있음에도 말입니다. 눈이 잘 보이지 않아 불편하더라도 혼자 할 수 있는 것이 많은 시각장애인이기에 정안인이 놓치는 부분이 생깁니다.

우리는 흔히 보이지 않는 사람에게 어떤 도움이 필요할지 생각해 보곤 하지요. 그런데 저시력인에게는 "보인다며? 아까 혼자 잘하던데?"라며 피상적인 태도를 보입니다. 그러니 이들은 흐릿하게라도 보이는 시각 때문에 가족과 주변인의 다양한 평가를 받으면서 살아가게 됩니다.

사실 정안인은 저시력인이 얼마나 보이는지 잘 모릅니다. 불편함을 이해받지 못하고 어려움을 스스로 설명해야 하는 상황이 반복되면서 저시력인에게 심리적인 부담이 가중되기도 합니다. 그들은 장애로 인한 어려움은 오롯이 마주하면서 장애가 심하지 않으니, 장애가 없다고 인식하는 사회의 시선과도 충돌합니다.

불편하지만 불편하지 않은 사람

저시력은 조금이라도 눈이 보이니까 생활이 크게 불편하지 않을 정도의 장애이지 않을까 하는 생각이 들 수 있습니다. 그러나 저시력인이 마주하는 일상은 그렇지 않습니다. 경미한 불편을 넘어 극심한 시각적 어려움을 동반한 저시력인도 상당하기 때문입니다. 또한 눈이 보이지 않아 도움을 받아야 하는 경우도 대부분 저시력 장애에 대한 이해가 없어서 도움을 받지 못할 때가 허다합니다.

차향미 선생님과의 여행 이야기를 다시 꺼내볼까요. 나와 선생님은 학회 관련하여 국내든 해외든 같이 여행하는 경우가 많습니다. 나는 함께 방을 쓰게 되면 호텔 화장실의 비품 위치를 설명합니다. 세면대 위에 샴푸, 린스, 바디클렌저의 순서를요. 어느 날 선생님은 보통 저시력인에게 비품의 위치를 설명해 주지 않는다면서 "정말 글자 보는 게 힘들어. 전맹♥도 안 보여서 힘들겠지만 저시력이라서 편히 보는 것도 아니거든."이라고 말했습니다.

우리가 사는 세상은 정안인의 눈에 예쁘게 디자인되었지요. 한눈에 알아보기 어려운 제품도 많습니다. 저시력인

♥   맹 시각장애인. 흔히 '전맹'이라고도 부른다. 이 책에서는 '맹'이라는 표현을 주로 쓰되 문맥상 '전맹'도 사용했다.

은 확대기로 들여다봐야만 제품 정보를 알 수 있는데 그로 인한 불편을 말하기가 쉽지 않지요. 만약 벽과 바닥이 톤온 톤 색상으로 널찍한 데다 은은한 간접조명으로 채워진 장소에서 저시력인을 만난다고 상상해 볼까요? 아주 불편할 것입니다. 바닥과 벽의 경계가 명확하지 않고 조명은 어두워서 앞에 무엇이 있는지 보이지 않을 테니까요. 게다가 작고 예쁜 글씨로 쓰인 간판이라면 글씨가 써있는지도 보이지 않을테니 찾아오기도 힘이 들겁니다.

이렇게 저시력인은 공간이 바뀌고 사물의 위치가 바뀔 때마다 잘 보이지 않기에 불편합니다. 나는 곁에서 지켜보며 장애는 반드시 극복해야 하는 것도 아니며 누군가에게 희망을 주기 위한 것도 아니라는 사실을 절실히 깨닫습니다. 장애는 불편한 것입니다. 저시력인은 뚜렷하게 볼 수 없는 장애가 있음에도, 우리 사회는 그 불편함을 제대로 보지 못하고 이들의 장애를 외면하고 있습니다. 그래서 나는 저시력에 대한 장애를 '사회적으로 인정받지 못하는 장애'라는 명칭을 부여했습니다.

앞서 말한 것처럼 저시력인은 눈이 보이지만 잘 보이지 않습니다. 불편하지만 불편하지 않습니다. 이런 모순되는 문장으로 표현되는 저시력인은 장애 수용의 어려움을 안고 살아갑니다. 사회적으로 인정받지 못하는 경도 장애인의 삶은 절대 가볍지 않습니다. 신

안 반가운 것이
아닙니다

사람들은 횡단보도에 아직 도달하지 못했을 때, 신호등이 바뀌기 전에 얼른 길을 건너가려고 걸음을 빨리하거나 뛰어가는데요. 나는 그렇게 하지 못합니다. 경험상 빨리 건너려다가 인도와 같은 색인 볼라드에 부딪히거나 인도와 도로의 경계가 매끄럽지 못한 경우 넘어질 수 있다는 걸 알기 때문입니다. 그러나 동행이 있으면 점멸신호가 몇 초 남았더라도 전력 질주하여 건널 수 있습니다. 내가 동행인의 팔꿈치를 잡고 같이 뛰거나 혹은 일행의 뒤를 쫓아가면 안전하게 빨리 갈 수 있습니다. 누가 뛰어서 횡단보도를 건너는 사람을 눈이 불편한 사람이라고 인식할까요?

5, 6년을 같이 근무한 동료 선생님이라도 날씨, 조명, 옷

차림이나 헤어스타일, 나의 눈 컨디션에 따라 알아보기도 하고 못 알아보기도 합니다. 다소 먼 거리에서도 조명이 적당하면 그 사람 특유의 걸음걸이를 알아보고는 "안녕하세요? 선생님~"하며 먼저 인사할 때가 있지만 '누구지? 외부인인가? 선생님인가?' 생각하면서 머뭇거릴 때도 있습니다. 그렇다고 마주 걸어오는 사람을 가까워지는 동안 뚫어지게 쳐다볼 수 없으니, 얼핏 설핏 바닥을 봤다가 사람을 봤다가 합니다. 거리가 가까워지고 상대방이 먼저 인사를 건네면 목소리만으로 알아볼 수 없는 경우도 많아서 대충 의례적인 인사를 하며 지나칩니다(저시력인이 청력을 전적으로 의존하는 것은 아니랍니다).

먼 거리에서도 사람을 알아볼 수 있는 단서는 그 사람의 외형이나 자세, 걸음걸이입니다. 키가 크고 마른 사람, 무릎 아래가 벌어진 사람, 슬리퍼 소리를 내며 걷는 사람, 웅크리고 다니는 사람, 몸통을 좌우로 흔들며 걷는 사람, 총총걸음으로 빨리 걷는 사람 등 몸체의 크기와 동작 같은 것으로 미리 알 수 있지요. 하지만 보통 체격에 특정한 걸음걸이가 없고 헤어스타일마저 자주 바뀌는 여자 선생님들은 지나치고서야 알 때가 많습니다.

어떤 때는 지나치고 나서야 누구인지 알아채기도 합니다. 지나친 순간 친한 선생님이라는 걸 알았을 땐 '먼저 아는 척해주지. 인사하게'라는 서운한 마음이 들기도 합니다. 그렇지만 인사하려고 이미 지나친 사람을 불러 세우기도 뭣한 일이지요. 어쩌면 선생님들은 나와 인사를 주고받을 때 '어떤 날은 반갑게 인사하고 어떤 날은 뚱하게 인사받네?'라고 생각할지도 모르겠습니다. 선생님들이 나중에 이 글을 읽게 된다면 해명이 될까요?

회식은 사회생활에서 빼놓을 수 없는 부분이죠. 나는 다양한 사회적 상호작용이 펼쳐지는 이런 자리를 좋아합니다. 좁은 시야로 인해 놓칠 수 있는 순간을 빠르게 파악하려 애쓰면서 동시에 그 애씀을 드러내지 않으려고 노력합니다. 건배는 회식 자리에서 흔한 일이지요. 하지만 내게는 특히 애써야 자연스럽게 할 수 있는 행동입니다. 상대방이 잔을 들어 건배를 청할 때 그 신호를 놓치지 않기 위해 가끔 혹은 주기적으로 상대의 손이나 술잔 위치를 확인합니다. "건배할까요?"라고 먼저 말해주면 걱정 없지만 상대의 얼굴을 보며 대화하는 중에는 건배를 놓치게 됩니다. 그리고 나의 잔에 부딪히는 소리에 뒤늦게 반응하곤 합니다.

한 번은 앞에 앉은 사람이 건배를 권하는데 내가 알아차리지 못했습니다. 그때 내가 시력이 좋지 않다는 것을 아는 옆자리 사람이 내 잔을 대신 들어 부딪힌 뒤 내 손에 건네주었습니다. 그제야 상황을 깨닫고 멋쩍게 잔을 들어 한 모금 마셨습니다. 그런데 왼쪽 시야에서 앞 사람이 다시 잔을 들어 보였다가 이내 거두는 순간이 포착되었습니다. 아마도 내가 잔을 들었으니 다시 부딪칠 것이라 예상했던 모양입니다. 앞에 앉은 사람은 자신과 잔을 건배하지도 않고 마시는 내 행동을 어떻게 받아들였을까요? 그 찰나의 순간 '다시 건배해야 할까?'라는 고민이 스쳤지만, 이미 시간이 지난 뒤라 조금 민망했습니다.

또 회식에서는 자리 배석도 중요합니다. 나는 가능한 한 오른쪽 끝자리에 앉습니다. 왜냐하면 왼쪽에 앉으면 오른쪽에 앉은 사람과 대화하기 위해서 좁은 오른쪽 시야를 보상하기 위해서는 몸을 오른쪽으로 더 돌려야 하고, 건너편 오른쪽에 있는 사람과 건배할 때 술병이나 잔을 넘어뜨릴 위험이 있기 때문입니다. 그래서 술병이나 잔은 왼쪽 시야 안에 두려고 하지만, 늘 생각대로 되지는 않아서 잔을 주고받는 손길이 오가면서 넘어뜨리기도 합니다.

맞은편에 있는 상대와 대화할 때는 왼쪽 눈으로 상대방의 오른쪽 눈을 응시합니다. 그래야 나의 보이지 않는 오른쪽 눈의 시선이 자연스럽기 때문입니다. 친하고 편한 사이라면 오해가 없도록 내 시각적 한계를 설명합니다. 새로 만난 사람들에게도 미리 설명할 때도 있지만, 부자연스러운 상황이 발생했을 때 이해를 구하기도 합니다. 그렇지만 나의 시력 문제를 알고 있더라도 모임 내내 기억하고 배려하는 것은 쉽지 않은 일인 것 같습니다.

예를 들어서 고깃집에서 고기를 구워 먹을 때, 고기가 다 익었는지 알 수 없어서 앞에 있는 반찬 위주로 먹게 됩니다. 사람들은 왜 고기를 안 먹냐며 앞접시에 덜어 주기도 하죠. 셀프로 가져다 먹으라고 세팅된 기본 반찬도 내가 덜어오고 싶지만, 사람들과 부딪쳐 쏟거나 엉뚱한 반찬을 가져올까 봐 쉬이 움직이지 않고요. 화장실에 가고 싶어도 일행이 화장실을 갈 때 따라가서 화장실 위치를 익힌 후에야 마음껏 소맥을 즐깁니다.

고기 굽는 일도 힘들 것인데 익은 고기를 내 앞접시에 놓아 달라고 하기 미안하고, 반찬을 내가 담아와서 사람들을 조금이라도 편하게 해주고 싶지만 그러지 못하고, 불편을 끼치고 싶지 않아서 배뇨 속도까지 조절하는 나의 불편함을 사람들과 공유하는 일이 맞을까요? 내가 알든 모르든 상대는 나를 배려하고 있을 텐데, 거기에 더 보태는 것은 아니라고 생각합니다.

시시콜콜 나의 시각적 제한과 마음이 힘든 상황을 설명하려 든다면 그 관계는 깊어질 수 없겠죠. 서로 할 수 있는 한 배려를 하고 자발적으로 불편함을 최소화할 수 있을 때 관계가 지속된다고 생각합니다.

이렇듯 불편하지만 불편하지 않은 상황은 계속됩니다. 그렇다고 오해가 생길 수 있는 상황마다 "제가 눈이 나쁩니다.", "아이고, 눈이 나빠서 못 봤습니다." 같은 말을 반복할 수는 없습니다. 매번 설명하는 것도 궁색하게 느껴지고, 듣는 사람에게 크게 와닿지 않을 수 있으니까요. 내가 어떤 부분에서 잘 보이지 않는지, 어떤 상황이 불편한지는 일정 기간 함께 지내봐야 이해할 수 있는 것 같습니다.

　말없이 배려해 주는 모습이 참 고마운 사람이 있었습니다. 나는 급식실에서 점심 배식을 받을 때 샐러드 집게를 한번에 찾지 못하거나, 식판 위 반찬이 무엇인지 직접 먹어보고서야 알게 되는 경우가 많습니다. 그 사람은 급식실을 나서다가 벽에서 돌출된 장애물에 부딪히는 내 모습을 보고는 '아, 생각보다 눈이 많이 안 좋구나' 하고 깨닫는 듯했습니다.

　어느 날 커피잔에 투명한 뚜껑이 덮인 줄 모르고 그대로 마시다 뚜껑이 떨어져 깨진 일이 있었는데요. 그 사람이 별말 없이 정리해 주는 것을 보고, '아, 이 사람은 나의 불편함을 배려하고 있구나'라고 생각했습니다. 왼손으로 컵을 잡고 주전자의 물을 부어야 했는데 아무 생각 없이 컵 밖에다가 물을 붓기도 하고, 싱크대 위에 흥건한 물을 보지 못하고 휴대폰을 올려두면 얼른 폰을 들고서 싱크대 위의 물을 닦아 주기도 하더라고요.

　"자꾸 사고를 치지요. 제가 이런 줄 아는 사람이 잘 없어요."라고 말하자 그 사람은 "저도 몰랐네요."라며 답했습니다. 그 순간 미소가 참 감사했습니다. 차

어느 교감의
출장길

푹푹 찌는 무더위가 느껴지는 7월의 한여름 아침을 맞았어요. 이날은 우리 학교에서 3개월간 교환 근무를 한 캄보디아에서 오신 선생님 두 분이 서울에 있는 아시아태평양 유네스코 본부에서 성과보고회를 하고 출국하는 날이에요.

아침 일찍 일어나서 옷을 찾아 옷걸이에 걸어두고 아내에게 코디 자문을 구해요. 아내는 익숙한 몸짓으로 고개를 끄덕이며 잘했다는 표정을 지어요. 신발장에서 구두를 꺼내서 마른걸레로 먼지를 닦고 불빛에 비치는 반질한 구두의 윤기를 느끼며 미소를 지어요. 아침밥을 먹고 휴대폰 배터리의 충전이 100퍼센트인지 확인해요. 휴대폰 배터리를 항상 신경 써요. 어려운 일이 생길 때면 이 휴대폰이 가장 먼저 역할을 하니까요.

춘천역에 도착하면 어린 아들을 서울 보내는 듯한 아내의 걱정 어린 시선을 뒤로하고 혼자만의 출장길을 시작해요. 익숙하게 승강기 버튼을 누르고 개찰구를 통과하고 도착 예정 시간보다 20분 일찍 승강장의 바닥을 살피며 3호차 출입문 자리에 가서 기차를 기다려요. 시간을 허비하더라도 안전하게 정위치에서 기다려야 마음이 편해요. 복잡한 역이나 낯선 역에서는 반드시 사람들에게 위치를 물어보고야 마음을 놓아요. 물론 사전에 탑승 도우미를 요청할 수도 있지만 이 정도는 혼자서도 가능하니까요.

고속철도를 타고 나면 내 자리를 찾아서 앉는 일이 기다리고 있어요. 자연스럽게 앞에서부터 의자의 열 번호를 세면서 6번 열에 가서 오른쪽 창 측 D석을 확인하고, 마지막으로 고개를 높이 들고 선반 라인에 쓰인 좌석 번호에 눈을 가까이 대고 확인하고 자리에 앉아요. 자리에 앉은 후에는 숙제를 마친 학생처럼 카톡을 열어 아내에게 작은 목소리로 "잠시 후 출발해. 잘 다녀올게." 하고 음성 메시지를 보냅니다.

여유시간에는 이어폰을 귀에 끼우고 네이버 뉴스 페이지를 열어 경제, IT 과학, 세계, 사회 순으로 음성 읽기 단추를 눌러 뉴스 기사를 읽어요. 예전에는 옆 사람이 이상한 시선으로 볼까 봐 아무것도 보지 않고 멍하니 창밖만 보고 다녔지만요.

어느새 청량리역을 지나고 있어요. 서울시에서 운영하는 '장애인 이동지원센터'의 콜택시 서비스 신청을 해요. 평일 오전엔 비교적 차가 잘 연결이 되어요. 도착 시간을 물어보는 기사님 전화가 와서 15분 후라고 하고 용산역 달 주차장 입구에서 택시를 기다리기로 했어요. 콜택시를 타고 30분 정도 달리니 구로동에 있는 아시아태평양 유네스코 본부에 도착했어요.

평소대로 1시간 일찍 목적지에 도착했어요. 왜냐하면 현장에 도착해서 챙겨야 할 나만의 일정이 있거든요. 내가 앉을 자리와 화장실의 위치를 파악해야 하고 다른 사람들의 자리, 출입문과 비상계단, 승강기 등은 어디에 있는지 미리 살펴두어야 해요. 사람들이 많이 모였을 때 이런 것을 확인해 두지 않으면 상당히 불편하니까요.

건물은 생각보다 많이 복잡했어요. 1층에서 승강기를 타고 3층에 올라가서 복도를 몇 번 돌아서 지정된 대강당을 찾을 수 있었어요. 강당 들어가기 전 오른편에 화장실이 있었습니다. 남녀 표시가 너무 작게 되어 있어서 남자가 나오는 것을 보고서야 남자 화장실인지 확인할 수 있었어요. 강당에 들어가서 뒤에서 첫 번째 오른쪽 사이드 자리를 찾았어요. 내가 오른쪽 사이드 자리를 좋아하는 이유는 왼쪽 눈을 중심으로 보기 때문에 오른쪽 사이드에서 자세가 편안해요. 만약 왼쪽 사이드에 앉으면 고개를 너무 많이 돌려야 해서 목이 아프거나 옆 사람을 빤히 쳐다보게 되어서 오해를 받기도 해요. 자리를 찾아서 짐을 올려두고 나서야 여유가 생겼어요. 1층 밖의 흡연 장소를 찾아서 담배 한 대를 피웠어요. 행사장에 올라오자 잠시 후 파견교사 두 분과 담당 교사가 도착했어요. 그분들은 짐이 많아서 새벽에 자가용으로 출발했거든요.

행사 시간이 임박해지자, 사람들이 여기저기서 모여들기 시작했어요. 11시가 되자 안내 방송이 나왔어요. 옆 응접실에 준비된 식사를 하고 행사를 시작한다는 거예요. 응접실에 가보니 내가 가장 난감해하는 뷔페식으로 준비되어 있었어요. 게다가 다문화가정 대상 국가의 선생님들을 위한 식사라 그런지 온통 생소한 메뉴로 가득했어요. 가지 수가 그리 많지는 않은 단출한 뷔페식이었지만, 도대체 어떤 음식인지 알기 어려웠어요. 많은 사람이 줄을 서 있는 가운데 일일이 무엇이냐고 묻기도 좀 그렇고 해서, 늘 하던 대로 우리 학교 담당 선생님의 뒤를 따라가며 작은 목소리로 살짝살짝 알려주는 음식을 하나씩 살펴보면서 접시에 담아보기 시작했어요. 외국 음식에 익숙한 편이 아니라 내가 먹을 수 있는 게 별로 없었어요. 그렇다고 굶을 수도 없고 이때를 놓치면 또 한참 밥을 먹을 수 없으니

가급적 조금이라도 맛을 보기로 했어요.

그렇게 해서 담당 선생님과 파견교사 두 분 그리고 나까지 4명이 온갖 짧은 영어를 총동원해 가며 식사했어요. 적응되지 않는 오묘한 맛과 어색한 분위기, 이 정신 없는 상황 속에서 밥을 먹었는지 마셨는지 잘 모르지만요.

행사가 시작되고 우리 학교 파견 선생님들의 열띤 성과 보고를 들었어요. 여러 학교에서 온 관리자들과 반갑게 인사를 주고받으며 3시간에 걸친 성과보고회를 마쳤어요. 전철로 구로역에서 용산역으로 이동해서 다시 기차를 타고 춘천으로 오는 여정을 시작했어요. 입구를 못 찾을 때는 오가는 사람들에게 길을 물어가면서 춘천역으로 왔지요. 기차가 정확한 시간에 도착하는 걸 알면서도 늘 30분 전에 와서 어린애를 기다리는 심정으로 나를 맞이하는 아내의 미소를 끝으로 하루 출장이 끝났어요. 김

감추어진 저시력인,
감추는 저시력인

　　나는 2012년부터 특수교육과 수업을 강의합니다. 학기 초 오리엔테이션 수업에서는 장애 학생을 위한 자료 제공 방법 및 시험에 관한 이야기를 전합니다. 특수교육과에는 여러 유형의 장애 학생이 입학하기 때문입니다. 그러면 장애 학생이 시험시간을 늘려 달라거나 자료를 확대해서 달라는 등 구체적인 지원 사항을 요청합니다. 수업에는 시각장애인이 참여하는 경우가 많습니다. 때로는 강의실 뒤쪽에 앉아 망원경으로 PPT를 읽어가는 학생도 있습니다.

　　그래서 PPT를 저시력인이 최대한 잘 볼 수 있도록 제작합니다. 제작 방법은 간단합니다. 흰 바탕에 고딕체로 검은색 글씨만 넣습니다. 다양한 레이아웃에 애니메이션 기법, 그림, 다양한 색상 등을 넣지 않습니다. 글씨도 배경도 단순해야 저시력인이 잘 볼 수 있는 자료가 된다는 것을 특수교육과 학생들이 경험하도록 만드는 의미도 있습니다. 눈에 잘 띄는 글씨와 간단한 레이아웃으로 구성된 PPT 덕에 정안인 학생들까지 필기가 편했다는 교수 평가 피드백도 많이 받습니다.

감추어진 저시력 학생

대부분의 대학에는 '장애학생지원센터'가 있습니다. 학교 내에서 이동, 학습, 생활과 관계된 지원받을 수 있기에 신입생 오리엔테이션부터 졸업까지 장애 학생에게 큰 역할을 합니다. 장애학생지원센터에서는 수업에 필요한 기자재를 제공하거나 교수님께 요청하는 방법에 대한 교육을 실시합니다. 대학에 입학하면서부터 장애 학생은 교수에게 자신의 요청 사항을 말하고 반영되는 것을 자연스럽게 받아들이기 시작합니다. 대학 3, 4학년이 되면 교수에게 요청 사항을 말하는 일이 그리 어려운 일이 아닙니다.

작년 수업에서 만난 한 학생은 육안상 한쪽 눈에 안검하수가 매우 심했습니다. '안검하수'는 눈꺼풀 올림근이 잘못 발육하여 기능이 떨어져서 생기는 눈꺼풀처짐 현상입

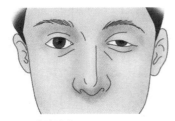

● 안검하수(출처: 서울아산병원)

니다. 노인에게 발생하는 눈꺼풀처짐과는 다릅니다. 눈이 많이 부어 있었고, 제대로 된 시력과 시야가 확보되지 않은 상태였으며 두꺼운 볼록렌즈 안경을 쓰고 있어 저시력 학생이라는 것을 바로 알 수 있었습니다.

수업을 마무리한 후 "장애 학생은 수업과 시험에 필요한 내용을 요청하세요."라고 말했습니다. 한 저시력 학생이 시험지 확대 요청을 했고, 다른 학생들이 교실을 등지고 나가는데 그 학생은 홀로 남아 말했습니다.

"교수님, 다른 사람들은 제가 눈이 안 좋은 것을 몰라요. 저는 아무런 도움이 필요하지 않습니다."라고 울먹이며 말했습니다. 일반 학교에서 교육지원을 전혀 받지 못했다고 하더라도 특수교육과에 진학한 장애 학생 대부분은 수업을 통해 장애 수용에 긍정적인 시각을 배우는 과정을 거칩니다. 제가 만난 대부분의 장애 학생도 대체로 장애 수용도가 낮지 않았습니다. 그런데 누가 봐도 외관상 저시력으로 보이는 학생에게 그런 말을 듣자니 적잖이 당황했습니다.

그 일 이후 수업에서 저시력인의 심리와 지원 방안, 장애를 바라보는 태도 등에 대해 꾸준하게 강의했습니다. 학기 중간쯤이 되자 그 학생이 다시 찾아왔습니다. 지난번 갑자기 울어서 죄송하다는 말로 대화를 시작하여 이제는 교수님들에게 자신의 시각장애에 대해 말할 수 있을 것 같다고 했습니다. 대학 생활은 어떠냐는 질문에는 중고등학교 때는 친구가 없었는데 이제는 친절한 친구를 만나 일상에 조금씩 마음을 여는 중이라고 말했습니다. 교생 실습도 해야 하고 앞으로 사회생활을 위해서라도 눈에 관한 질문에 용기 내어 말하는 연습을 하는 게 어떻겠느냐 물어보았더니 본인도 너무 걱정된다고 답했습니다. 눈이 불편하냐는 질문에 눈물부터 나오고 회피하게 된다고 말이지요.

장애인 등록에 대한 질문에는 '하고 싶지 않다'라고 답했습니다. 병원에서 여러 번 제안했지만 자신은 볼 수 있다고 말이지요. 장애학생지원센터에서 도움을 받아보라고 했지만 지금도 잘 살고 있으니 '괜찮다'라고만 했습니다. 남은 학교생활 잘 마무리하라고 격려하고 상담이 끝났습니다.

"괜찮다"라는 말 뒤에

특수교육과 수업을 받으면서 처음으로 본인의 저시력 장애에 대한 이해가 시작되는 학생이 있다는 사실이 마음 아팠습니다. 어린 시절에 장애가 수용되는 환경과 전문가를 만났더라면 눈에 관한 이야기를 하면서 처음 본 나에게 눈물을 쏟지 않았을 테니까요. 도움을 받아 편해진 경험이 있었다면 교수에게 '눈이 보여서 괜찮다'가 아니라 '눈이 불편하니 도와달라'라고 부탁했을 텐데요. 개인 성향에 따라 다르겠지만 눈이 안 보여서 불편하고 이해하기 어려운 내용이 있으니 지원이 필요하다고 상세히 자신의 요구를 말할 수 있었을 겁니다.

그런데 아무 도움도 필요 없다던 이 학생의 엉망으로 작성한 과제를 보니 한숨이 나왔습니다. 장애학생지원센터의 인력 지원 또는 저시력 보조공학기기의 사용이 절실히 필요해 보였습니다. 힘겨웠을 초중고 시절이 연상되었지만 장애 학생 본인이 괜찮다고 요청하지 않으니 아무런 지원 없이 방치만 되고 있지요.

대학에서 저시력 학생과 상담하다 보면 시각장애 특수학교를 졸업한 학생보다 '통합교육'♥을 받은 학생이 더 많이 '괜찮다'라는 이야기합니다. 그리고 통합교육을 받은 저시력 학생의 대부분이 점수가 엉망인 경우가 많습니다. 잘 보이지 않아 수업 내용을 따라가기 힘들고, 그러니 수업에 집중하기 어렵습니다. 혼자 공부할 때 필요한 보조공학기

♥ 특수교육 대상자가 일반 학교에서 장애 유형·장애 정도에 따라 차별받지 아니하고 또래와 함께 개개인의 교육적 요구에 적합한 교육을 받는 것을 말한다. 「장애인에 대한 특수 교육법」 2조 6항.

기 사용법을 모르고, 그것이 왜 필요한지조차 모르는 학생이 대부분입니다. 그래서 형식이 갖추어지지 않은, 성의 없어 보이는 과제를 제출하기 일쑤지요.

고등학교까지는 학교 수업을 어떻게든 따라갈 수 있다지만 대학에서는 강의 내용이 시각화되어 있고 문서로 작업하여 과제를 제출해야 하는 일이 많습니다. 작은 글씨가 촘촘한 전공서의 넓은 범위를 공부해야 하는데, 잘 보이지 않는 시력에 보조공학기기의 도움도 없다면 대학 공부는 따라가기가 매우 힘듭니다. 이렇게 저시력 학생이 방치되고 발견되지 않아 또래와는 다른 학습 능력을 갖추게 되는, 안타까운 사례가 많습니다.

시도 교육청 연계 시각장애지원센터에서 근무하는 선생님들도 자주 이야기하는 내용이 저시력 학생에게 어려움을 물어봤을 때 돌아오는 답변이 '괜찮다'라는 겁니다. 저시력인 교육 지원이 부족하다고 늘 이야기하는데, 막상 장애에 대한 이해가 없는 당사자들의 지원 거부를 볼 때마다 어디서부터 어떻게 다시 시작해야 하나 고민이 많다고요. 전문가들이 보기에 지원이 필요한데도 당사자들은 필요 없다고 거부하기 때문이지요. 글자만 볼 수 있다면 괜찮은 줄 아는 것이죠. 보조공학기기 사용에 관한 교육을 받고 환경적 지원을 받으면 훨씬 편하게 공부하고 저시력으로 다친 마음도 위로받을 수 있을 텐데, 아쉬운 마음이 큽니다.

감춰지는 직장인

얼마 전 정부 기관 주도 프로젝트팀에서 일을 했습니다. 관련 전문가들이 모여 단기간 결과물을 정확하게 만들어내야 했습니다. 작은 오차가 허용되지 않는 엄격한 곳이었죠. 수정한 원고를 바로 편집실에서 반영하고, 그 반영된 원고를 다시 확인하는 지리한 과정을 반복하느라 진이 빠져있는데 편집실에 문제가 생겼습니다. 수정된 원안과 현재 수정해야 하는 파일을 빠르고 정확하게 고쳐야 하는데 편집 직원분이 자꾸 놓치고, 전문인이라고 보기에 민망할 정도의 느린 속도로 일을 하는 것이죠. 팀원들의 불만이 쌓여가는 상황에서 누군가 옆에서 함께 수정해야 했습니다.

마지막 인쇄물을 확인하면서 일의 속도가 늦고 정확성이 떨어졌던 이유를 알게 되었습니다. 편집 직원이 인쇄물을 볼 때 두꺼운 안경을 벗고 7센티미터 정도의 초점거리에서 인쇄물을 확인하는 것이었습니다. '고도근시 같은데?', '색상 변별이 안 되겠네', '화면 읽는 것이 느리니 손도 느리게 타자를 치는구나' 많은 것이 이해되었습니다. 시력이 원래부터 좋지 않았다면 편집일을 선택하지 않았을 텐데, 일을 하면서 눈이 나빠졌으리라 추측했습니다. 이 일을 하는 게 얼마나 힘들까, 짐작하기도 어려웠지요.

그런데 저시력인이 많이 사용하는 '윈도우의 접근성'과

● 저시력인의 보는 법

관련된 기능을 사용하지 않고 있었습니다. 색상 반전을 통해 자신에게 잘 보이는 유리한 색을 볼 수 있을 것이고, 작디작은 마우스 커서도 크게 키울 수 있을 텐데 사용하지 않는 이유는 무엇일까요? 유추를 해보자면 첫째, 직무에 관련된 일이다 보니 자신의 장애를 다른 사람들이 알지 못하도록 한 것이 아닐지 생각했습니다. 만약 장애가 알려져 생계에 지장을 초래한다면 안 될 일이니까요. 둘째, 본인의 시력에 대한 진단은 받았지만 저시력인으로 살아가는 방법에 관한 정보를 얻지 못했을지도 모릅니다.

그 이유가 정확하게 무엇인지 몰라도 모두 부정적으로 해석이 됩니다. 타인에게 들키지 않아야 하는, 먹고 사는 것의 중요한 문제 그리고 내 어려움을 누구도 알아주지 않는 장애인의 외로움이 고스란히 느껴졌습니다. 너무 바쁜 일정으로 그분과 다른 대화를 하지 못했지만 아마 조금 더 시간이 있었으면 이유를 여쭤보고, 내가 아는 정보를 조심스레 전달할 수 있었을 텐데 아쉬움이 남습니다.

눈이 잘 안 보이는 건 부끄러워할 일이 아닙니다. 저시력인이 저시력 장애를 이해하고 받아들이며 주변 사람들과 자신의 어려움을 나눌 수 있기를 바랍니다. 자신에게 도움이 되고 받을 수 있는 지원도 알아가면 좋겠습니다. 신

나만 모르지만
주저할 필요는 없어

대학교 1학년 때, 보이는 왼쪽 눈에 백내장이 생기기 시작했습니다. '백내장'은 수정체가 혼탁해지는 질환입니다. 더러워진 유리창을 통해 세상을 보는 것처럼 사물이 점점 선명하지 않게 보이더니, 더 진행돼서는 불이 켜지는 휴대용 확대경을 사용해서 학업 생활을 겨우 이어 갔습니다. 그러다가 결국 대독과 대필로 시험을 치르고, 안내를 받으며 다닐 정도로 백내장이 진행되었습니다. 요즘엔 대학마다 장애학생지원센터가 있어서 대독, 대필 등 지원이 필요한 부분을 챙겨 주는 시스템이 있지만, 예전에는 순전히 자원봉사로만 이루어지는 것이라 부탁하기가 영 불편했습니다.

그런 나날 중 어느 날, 집에 가기 위해 버스정류장으로 익숙하게 걸어갔습니다. 밤이라 길가의 가로등과 지나가는 차들의 헤드라이트로 충분히 방향정위가 가능했습니다. 그러나 버스 번호는 알 수가 없었습니다. 버스 번호가 보이지 않으니 누군가에게 물어봐야 했습니다. 특수교육과에 진학하여 장애에 대한 인식이 긍정적인 환경에서 대학 생활은 하고 있었지만, 전혀 모르는 누군가에게 나의 불편함을 얘기하며 버스 번호를 물어볼 용기는 없었습니다.

마침, 그 버스정류장에는 근처 고등학교의 학생들이 많았습니다. 버스를 기다리며 수다를 떨고 있는 학생들에게 버스 번호를 물어봐도 되지만 그러질 못하고 계속 서 있었습니다. 학생들은 "어, 버스 왔다." 하면서 친구와 인사하고는 달려갔습니다. 나는 그런 대화 중에 내가 타야 할 85번 버스 번호가 언급되기를 바라며 또 기다렸습니다.

몇십 분이 흐르도록 서 있다가 하는 수 없이 누군가에게 버스 번호를 물었는데, 상대는 답이 없었습니다. 왜 그 사람은 내 말을 듣고도 답하지 않았을까요, 혹시 뒤통수에 말해서 알아채지 못해 대답을 못 했을까요? 십여 분을 더 기다리다가 또 다른 누군가에게 버스가 오면 알려 달라고 말했고 알겠다는 대답도 들었지만, 버스가 도착했다는 답은 돌아오지 않았습니다. 아마 본인의 버스가 먼저 와서 타고 갔겠지요. 결국 나는 1시간 정도가 지나서야 버스에 탈 수 있었습니다. 다리도 아프고 기분도 안 좋고 이렇게 안 보이는 상태로 앞으로 어떻게 살아갈 수 있을까 걱정했었습니다.

그때 물어볼까 말까 뭔가 주춤거리는 나를, 누군가에게 버스 번호를 알려달라고 말하는 나를 주변 사람들이 이상하게 쳐다보았을 겁니다. 혹은 무심하게 보기도 했을 테지요. 버스 번호를 알려달라고 부탁하면 나의 장애를 드러내는 것이 되기에, 그러고 싶지 않은 마음에서 나름 최대한 자연스러워 보이려고 했지만요. 말 그대로 '나름'이었을 거라 생각합니다. 그 행동이 어쩌면 사람들의 시선을 더 끌었을지도 모르지요. 사람들은 전부 나를 이상하게 보고 있는데 그걸 모르는 나는 자연스럽게 행동하고 싶은 마음으로 바둥거리고 있을 뿐인 거지요.

백내장은 수정체가 혼탁하게 되는 것이라 그 혼탁한 수정체를 제거하면 되는 간단한 수술입니다. 그러나 나는 박리된 망막을 붙여 넣은 안구이어서 백내장 수술로 다시 망막이 떨어질 수 있다는 의사 선생님의 말씀에 쉽게 수술을 결정할 수가 없었습니다.

백내장으로 안 보이게 되나 백내장 수술을 하다가 안 보이게 되나 똑같은 상태가 되었을 때, 수정체를 제거하는 수술을 받았습니다. 다행히 망막은 박리되지 않았습니다. 부분 마취 수술 중에 혼탁한 수정체를 빼낼 때, 그 혼탁한 수정체로 가려졌던 시야가 다시 열렸습니다. 그때 수정체를 잡은 작은 가위와 의사의 손가락이 또렷하게 보였던 그 순간은 수십 년이 지난 지금도 선명하게 기억합니다.

정상적인 눈은 혼탁해진 수정체를 제거한 후 눈에 맞는 인공 수정체를 넣으면 거의 불편함 없이 생활할 수 있습니다. 그러나 내 눈은 정상보다 약 두 배 크며 안구 구조 중 가장 굴절력이 강한 수정체를 제거해야 했습니다. 그 결과 수정체의 굴절력만큼 근시가 완화되어 원거리 시력이 향상되었지만 조절 작용이 상실되어 근거리와 원거리를 보기 위해 각각 다른 도수의 안경을 번갈아 써야 하는 불편함이 생겼습니다. 그럼에도 불구하고 수술 후 망막이 떨어지지 않았고, 세상을 다시 맑게 볼 수 있다는 것만으로도 충분히 만족하며 살아가고 있습니다.

시각적 어려움으로 심리적 어려움을 겪을 때면 '유체 이탈 사고법'으로 전지적 시점에서 그 상황을 재현해 봅니다. 그러면 답은 늘 같습니다.

"고민할 필요 없고, 주저할 필요 없다."

사람들은 내가 이상하게 보인들 자기 일이 아니기에 금세 잊어버리고, 결국 그 상황에서 힘든 사람은 '나 자신'입니다. 조금이라도 덜 힘들게 상황을 종료하려면 빨리 도움을 요청하면 됩니다.

　이러한 과정을 많이 겪으면서 억지로 장애 수용이 되었는지 나이가 들면서 감정이 무디어졌는지 알 수 없지만, 모르는 사람에게 도움을 청할 때 예전만큼 힘들지 않은 것 같습니다. 약 20퍼센트가 남은 것 같습니다. '심리적 어려움 100퍼센트 없음'이라고 할 수 있을 때가 올까요? 차

베토벤을
닮은 사람

어려서부터 눈을 옆으로 본다고 나를 '사팔뜨기'라고 부르는 사람이 많았어요. 내 첫인상은 그렇게 눈과 관련되었어요. 사람들이 나에게 건네는 첫 인사가 손가락을 흔들며 얼마나 보이냐고, 이게 몇 개냐고 하면서 혀를 차는 일이 일상이었지요. 눈을 옆으로 보다 보니 사람들이 이쪽 보고 얘기하라며 누구에게 말하는 거냐고 황당해하는 경우도 많았어요. 그때마다 내가 느낀 수치심과 당혹감은 점점 사람들을 피하게 만들었어요.

사춘기 시절 여학생들과 마주할 때면 나를 어떻게 볼까? 나를 이상한 사람으로 생각하지 않을까? 하는 혼자만의 상상에 빠져 여학생을 바로 보지 못하고 땅을 보면서 대화하는 경우가 많았어요. 내 눈의 불편한 모습을 보여주고 싶지 않아서 고등학교 시절까지 사람들을 대하는 것이 너무나 불편하고 힘들었어요.

성인이 되어서도 상황은 변하지 않았어요. 달라진 것이 있다면 '사팔뜨기', '눈병신' 같은 거친 표현 대신 '시각장애인'이라는 그나마 정돈된 용어가 내 꼬리표에 달렸을 뿐이죠. 40대 중반에 접어들고 사회생활에 정착하면서 어느 정도 삶의 여유를 느낄 수 있었어요.

어느 날 선배 교감 선생님께서 파마머리를 하고 나타나셨어요. 파마를 처음 해봤는데 손질도 편하고 좋다면서 권하셨어요. 평생을 짧은 머리로 스타일링 해왔기에 선뜻 내키지는 않았지만 나도 파마에 도전해 보기로 했어요.

그런데 파마를 하고 나타나니 사람들의 반응이 가히 폭발적이었어요. 한 번도 보지 못한 내 모습에 당황해하는 사람보다 '너무 멋지다', '잘했다'는 사람이 더 많았어요. 그러면서 베토벤, 모차르트, 쇼팽 같은 유명 작곡가를 닮았다고 환호했어요. 나는 음악과는 거리가 한참 먼 사람인데 말이죠. 노래를 잘하기는커녕 박자도 못 맞추는 타고난 박치인 데다 그나마 내세울 것을 찾아본다면 조상으로부터 물려받은 중저음의 음성이 전부니까요.

'베토벤'이라는 별명을 얻고 나서 적지 않은 변화가 생겼어요. 처음 만나는 사람들이 걱정스러운 표정으로 눈

● 베토벤을 닮은 사람

을 주제로 인사하던 모습은 간데없고 "머리 스타일이 참 멋지시네요.", "베토벤 같아요.", "원래부터 그 머리에요?"라고 하는 거예요. 사람들이 나를 기억하기를 '베토벤 머리 스타일의 교감 선생님이 참 인상적이었다'라며 돌아오는 인사가 많아졌어요. 듣기 싫지 않았어요. 그전까지는 시각장애를 가진 교감 선생님, 눈을 옆으로 보는 교감 선생님 등 불편한 얘기가 대부분이었는데 비하면 훌륭한 음악가의 이름이 별칭으로 불리는 건 기쁨이었어요.

이후에는 베토벤 음악을 즐겨 들으며 베토벤 머리 스타일을 10년이 넘도록 고수하고 있어요. 그 일을 겪으면서 한 가지 깨달은 바가 있어요. 시각장애인은 핸디캡에 매몰되지 말고 스스로 자신만의 스타일을 가꿔야 한다는 것을요. 이왕이면 긍정적으로, 인상적으로 자신을 가꾸는 것이 스스로를 행복하게 만든다는 사실 말이에요. '시력이 불편한 사람', '눈을 옆으로 보는 사람'으로 기억되기보다 '베토벤 닮은 사람' 이런 이미지로 기억되면 기분 좋지 않을까요? 김

안 보이면 안 되는
어린 시절
이야기

1990년대 시골에서 구경하기 힘들었던 바이올린을 배우기 위해 나와 동생은 버스를 두 번 타고 교습소를 다녔습니다. 바이올린 연주를 하며 무대에 서는 것이 익숙했지요. 부모님의 교육에 관한 관심 덕분에 예술고등학교를 나와서 음악대학교에 진학했고, 이후에는 특수교육으로 전공을 바꾸어 대학원까지 다닐 수 있었습니다.

1980년대 태어난 40대 초반의 또래 여성들처럼 나도 부모님의 적정한 응원과 걱정, 꾸중을 들으며 평범하게 살아왔다고 생각합니다. 그런데 대학원에서 시각장애와 관련된 공부를 하고, 저시력인과 대화하면서 나와는 다르게 삶을 살아온 이들을 알게 되었습니다. 40대와 50대의 저시력 여성들을 인터뷰하며 진행한 저시력인의 성장 과정에 관한 연구[3]에서였습니다. 그들은 가정에서, 학교에서 장애를 감추고 겪었던 어려움에 관해 이야기했습니다. 부모님의 걱정에 눈이 잘 보이지 않지만 눈치껏 보이는 것처럼 학교에서 학업 및 여러 세상일을 헤쳐 나가야 했습니다. 그들은 눈이 잘 보이지 않는다고 말할 수 없는 분위기에서 성장했던 것입니다.

집에서는 보여야만 하는 저시력인

한 연구 참여자는 가족과 산으로 놀러 갔을 때, 나무를 보지 못해 넘어지며 앞이 잘 보이지 않아 더듬거리면서 걸음을 옮겼는데, 이를 보던 부모님이 화를 내거나 한숨을 내쉬었던 기억이 난다고 말했습니다. 보이지 않는 눈의 상태를 이해하기 어려운 부모님 아래, 연구 참여자는 움츠리며 살아왔습니다. 당시는 장애에 대한 이해가 지금과는 달랐기 때문에 자녀의 장애를 인정하는 것에 부정적일 수밖에 없었습니다.

"엄마는 나보고 무조건 할 수 있다고만 말했어. 안 보여도 공부만 잘하면 할 수 있다고. 그런데 어른이 되니까 그게 아니잖아. 안 보이면 할 수 없는 게 정말 많은데 왜 할 수 있다고만 말했을까?"

　부모님들이 '눈이 잘 보이지 않아도 마음만 먹으면 다할 수 있다'라고 내세워야만 했던 장애에 대한 잘못된 인식은 시각적 어려움을 외면하고 시각장애를 숨겨야 하는 상황에 이르게 만들었습니다. 명문고등학교에 진학하지 못할까 봐 시력표를 외웠다는 연구 참여자도 있었습니다. 부모님의 권유에 괜찮다고 생각했다고요. 또 다른 연구 참여자는 자신이 시각장애가 있는 줄 모르고 학창 시절을 보냈습니다. 부모님이 아시면 기함할 일이라 성인이 되어 장애 등록을 하고, 몇 년이 지난 뒤 말씀드렸더니 '네가 왜 장애인이냐?'라는 부정적인 피드백이 돌아왔다고 합니다.

학교에서는 보이지 않아 소외된 저시력인

　부모님조차 인정하지 않는 자신의 장애를 외면하며 숨겨야 했던 저시력인이 학교 수업에 참여하기 어려운 건 당연했습니다. 1990년대 당시 전반적으로 저시력에 대한 이해가 없는 교육의 현장에서 눈이 안 보여서 숙제를 못 했다고 하면 '그런 게 어디 있냐고' 꾸중 듣기가 일쑤였으니까요. 공부를 아무리 잘해도 미술 시간의 서예와 가정 시간의 바느질 같은 것은 가장 못하는 아이가 되는 것이죠.

학교에서 주어지는 많은 과제는 대부분 시각적 과제입니다. 칠판에 적은 내용을 받아쓰거나 읽고 발표하거나 만들기를 한다거나요. 이런 학업을 제대로 수행하지 못하니 자신은 할 수 있는 게 아무것도 없다고 느낍니다. 교수 방법을 수정하거나 다른 방식으로 평가가 적용되었다면 충분히 수업 참여가 가능했을 것입니다. 저시력 장애를 받아들이지 못했던 당시 사회와 부모님 사이에서 저시력인 스스로 무능함을 탓하기만 했을 뿐입니다. 눈이 잘 보이지 않아 못했을 뿐인데 장애를 인정하지 않는 사회에서는 자신의 무능만이 떠오르기 때문이죠.

교우관계는 어땠을까요? 연구 참여자들은 은근하게 무시하거나 적절하게 멀리하는 친구들이 늘 있었다는 기억에 슬퍼했습니다. 눈빛으로 감정을 읽어야 하는 친구와의 관계에 참여가 어려웠던 것이죠. 사회적 관계에서 긍정적인 경험이 쌓여야 하는 시기에 '눈이 잘 보이지 않음'이 부정적인 피드백으로 돌아온다는 사실을 알게 된 겁니다.

이 연구의 참여자 대부분은 눈이 안 보여서 못 한다고는 한 번도 생각해 본 적 없이 학창 시절을 견뎌냈습니다. 오롯이 능력이 있다, 없다는 것에 초점을 맞춰 청소년기를 보낸 것이죠. 대학에 진학하고 친구들은 알바하면서 돈을 버는데 무능한 나는 어떻게 살아가야 할지가 성인이 되어 마주하는 첫 번째 감정이었다고 말했습니다.

현실을 늦게 마주한 저시력인

이 연구에 참여한 저시력인은 장애와 관련된 정서적, 환경적 지원이 전혀 없이 고독한 성장 과정을 겪고, 장애를 부인하며 살아왔기 때문에 스스로 장애인임을 받아들이는 데까지 어려웠다고 했습니다. 독립적인 성인으로서 첫발이 너무 늦었다고 후회의 말을 하기도 했습니다. 그러면서 시각장애 특수학교를 나온 시각장애인에 대한 부러움을 표하기도 했습니다. 자신의 장애를 일찍 받아들여 고민의 시간을 줄인 것을 부러워하고 시각장애가 있어도 사회에서 인정받을 수 있는 기술을 배운 시각장애 특수학교 출신의 자신 충만한 태도에 놀랐다고 말하기도 했어요.

'맹학교♥에 진학했다면 지금의 나는 어땠을까?'라고 고민도 언급했습니다. 물론 부모님들은 눈이 안 좋을 뿐이고 보이기 때문에 시각장애 특수학교는 생각조차 안 했을 텐데 말이죠. 연구 참여자들은 장애 수용이라는 거대한 벽 앞에 정서적으로 힘든 경험이 많았기에 시각장애라는 공통분모를 안고 생활하는 시각장애 특수학교의 사회가 부러웠던 것입니다.

♥ '시각장애 특수학교'를 말한다. 이 책에서는 '맹학교'와 혼용하여 사용했다.

나는 잠자기 전, '내일은 학교에서 어떤 재미있는 일을 해볼까?' 고민하던, 친구들과 노는 것을 제일 좋아하는 평범한 학생이었습니다. 그러나 이 연구에 참여한 5명의 저시력인은 또래 친구들에게 온전히 수용되지 못함으로 인해 학교생활 중 좋은 기억은 없다고 했습니다. 인터뷰 내용을 전사하면서 가정과 학교에서 이해받지 못하고 저시력이지만 정안인처럼 살아야 했던 그들의 이야기에 큰 분노와 함께 상심과 쓸쓸함을 느꼈습니다.

　왜 감정적으로 힘들었을까 생각해 보니 어린 시절의 이들에게 온전한 친구, 절대적인 지지자가 되어주지 못한 아쉬움 때문이었습니다. 만약 그 시절 내 주변에 저시력인이 있었다면 과연 어려움을 함께 공유하려고 했을까? 아마 나 역시도 "안 보여도 다 잘할 수 있어."라며 필요하지 않은 응원으로 포장했을 것 같아 부끄러웠기 때문입니다.

　현재 나는 장애 교육 현장에 있습니다. 장애인 당사자가 아니라는 말에 숨어 장애와 관련된 이슈에 적극적으로 나서지 못하고 저시력인들의 삶에 대해 적당히 학문적으로 공부하며 외면한 시간을 보냈습니다. 이제 부끄러운 시절을 끝내고자 이들의 삶을 자세히 살피고 글로 남기는 일을 하려고 합니다. 그것이 어린 시절 저시력인들의 온전한 친구와 지지자가 되어주지 못했던 아쉬움을 달래는 길이 될 거라고 생각합니다. 신

어느 날
지구에 떨어진
것처럼

망막에 암점들이 있어 부분적으로 보이는 것처럼 내 머릿속에도 암점이 있는 건가 생각합니다. 성장기의 기억이 거의 없기 때문입니다. '차향미'로 살고 있는 나를 선명하게 느끼는 때는 '시각장애 특수학교'에 입학한 다음부터입니다. 그전까지 부분적으로 기억나는 몇 장면이 있지만 한 사람의 인생을 기억의 양으로만 따진다면 '차향미'라는 사람은 존재하지 않는 것 같습니다.

초등학교 4학년 때 교실에서 한 남학생에게 발로 차여 넘어졌는데, 주저앉은 채로 그 아이를 바라봤던 장면은 선명합니다. 왜 맞았는지 모르겠고 항변한 기억도 없습니다. 그저 주변에 아이들이 많이 있었다는 것만 기억납니다. 초등학교 6학년 때 반 아이들이 제일 공부 못하고 따돌림받는 아이와 나를 똑같이 인식한다는 걸 알고 한참 우울했던 기억이 납니다.

해마다 새로운 담임선생님을 만나면 칠판 글씨가 보일 듯 말 듯해서 제일 앞자리에 앉아야 한다고 내 눈 상태를 말해야 했습니다. 어떤 말로 설명했는지는 기억나지 않지만, 그 말을 해야 하는 순간은 너무 싫었습니다. 중학교 3학년 때까지는 억지로 용기 내서 말씀을 드렸지만, 실업계 고등학교에 진학하고는 취업에 대한 기대가 없어 학업 의욕이 꺾이면서 앞자리에 앉아야 한다고 하지 않았습니다. 성적도 중요했지만 두꺼운 안경을 쓰고 한쪽 눈은 백내장으로 동공이 하얗게 된 나는 취업에 대한 기대를 전혀 할 수 없었습니다. 중학교에서 고등학교로 진학할 때는 성적 장학금을 받을 정도로 공부를 썩 잘했는데 말이지요.

일반 학교에 다녔던 시기는 희미하고 무겁고 색감도 소리도 없는 흑백 영화 같은 느낌이 듭니다. 소풍도 갔을 텐데, 운동회도 했을 텐데, 왁자지껄했을 시간에 대한 기억은 하나도 없습니다. 그 '왁자지껄함'에 포함되지 않아 슬펐을 숱한 시간을 기억하고 싶지 않은 방어기제가 작용한 것 같습니다.

시각장애 특수학교에 입학한 1988년 3월에 갑자기 지구에 떨어진 것처럼 내 인생은 완전히 변했습니다. 하루 종일 즐겁고 할 수 있는 일이 많았습니다. 교실에서 수다 떨고 기타 치며 노래 부르고 쉬는 시간마다 여러 교실을 돌아다니며 장난을 쳤습니다. 기숙사 생활을 하면서 방 파티로 분식을 사다 먹고 선후배들과 같이 밤새워 놀다 잠이 들기도 했습니다. 학예회 때는 사회를 맡기도 하고 시 낭송 대회와 가요제도 참가하고, 웃기는 분장을 해서 연극에 출연하기도 했습니다. '왈가닥' 혹은 '천방지축'이라고 할 정도로 명랑한 '차향미'의 목소리는 학교 구석구석에서 크게 들렸습니다. 이렇게 밝은 차향미는 어디 있다가 나왔을까요?

시각장애 특수학교에 일찍 들어갔더라면 머릿속 암점은 안 생겼을까요? 지금도 성장기를 축약한 몇 개의 불행한 기억이 불쑥불쑥 나타나 의기소침하게 만듭니다. 이성의 통제를 벗어난 검은 생물체처럼 제멋대로 작용해서 감정이 상하기도 합니다. 그럴 때마다 시각장애 특수학교를 좀 더 일찍 들어갔더라면 하고 생각합니다. 차

어둠 속에서 찾은
한줄기 빛

　몇 년 전부터 학교 근처에 텃밭을 빌려서 소일거리 삼아 농사를 지으며 시간을 보내기 시작했어요. 농사라고 이름 붙이기에는 아주 작은 규모로 고추 10포기, 상추 30포기, 감자, 고구마, 토마토 10포기 정도를 심어두고 매일 퇴근 후에 물 주고 잡초를 뽑고 있어요. 우리 나이대 남자가 즐기는 일상을 조금 흉내 내는 수준이지만, 그곳에선 마음이 편안하고 신선한 채소를 수확해서 먹는 기쁨은 또한 행복 그 자체예요.

　어려서부터 땅만 바라보며 사는 농가에서 자랐어요. 눈이 불편해서 아버지는 나를 밭에 잘 데리고 가지 않으셨지만, 일손이 바쁜 날에는 작은 힘이라도 보태야 했어요.

내가 할 수 있는 일은 주로 농약을 치는 줄을 잡아주거나 비닐 멀칭을 할 때 비닐을 잡아주는 일, 고추밭 고랑에 있는 잡초를 호미로 캐는 일 등이었어요. 호미를 가지고 잡초를 뽑을 때 비닐 멀칭이 없이 심어놓은 밭에서 실수로 잡초가 아닌 작물을 뽑아서 혼이 나기도 했지만 아버지께 죄송한 마음이 들어 속상했던 기억이 많아요.

무슨 일이든 역할을 제대로 하지 못한다는 것은 소외감과 슬픔으로 다가왔어요. 형과 동생은 잘해서 칭찬받고 자신감이 넘칠 때, 나는 상대적인 열등감으로 존재감이 희미해지는 느낌이었어요. 그래서 어린 시절에는 농사가 너무 싫었고, 농사짓는 집에서 태어난 것이 너무 화가 났어요.

중학교 시절, 왜 형제 중에 나만 눈이 나쁜지 아버지께 울며 따진 일이 있었어요. 아버지는 "미안하구나! 내 죄가 많아서 그런 것이니, 아무 걱정하지 말고 살아라. 이다음에 이 땅을 다 너에게 줄 테니, 나하고 농사를 짓자."라고 하셨어요. 그 말씀이 나를 크게 자극했어요. 시골 농사꾼이 되기 싫어 열심히 공부해서 교사가 되었어요. 그런데 그렇게 하기 싫다던 농사를 이제는 찾아서 하고 있으니, 웃음만 나와요.

어려서부터 시력이 나빴고 몸도 유난히 약했던 나는 9살에 초등학교에 입학했어요. 당시 거의 모든 수업이 칠판을 통해 이루어졌지만, 맨 앞자리에 앉아도 칠판 글씨를 잘 볼 수 없었지요. 나는 항상 반에서 특별한 아이이자 담임선생님에게 고민을 안겨 주는 아이였어요. 이런 상황에 적응하지 못하고 제 능력을 제대로 보여주지 못하며 공부를 못하는 학생으로 낙인찍혔어요. 스스로 머리가 나쁘고 공부를 못하는 학생이라고 인정하며 우울하고 슬픈 시간을 보냈죠. 당시에는 저와 같은 상황에 있는 학교 친구들이 거의 없었고, 선생님들은 나에게 여러 모양의 관심과 동정을 보내곤 했어요.

"얘야, 부모가 못나서 눈이 나쁜 걸 어쩌겠니, 다 내 탓이야. 아무 걱정 하지 말고 마음 편하게 학교 다녀. 친구들하고도 사이좋게 지내. 이 아비가 다른 형제들은 몰라도 너 하나 먹을 것은 만들어 줘야지."

아버지의 말씀을 듣고 나는 내가 다른 친구들과 다르다는 사실과 앞으로 어떻게 살아야 할지 깊이 생각하게 됐어요.

초등학교 4학년 무렵부터 나는 칠판 수업을 소리로 바꾸어 스스로 학습 내용을 듣고 정리하는 방법을 알게 됐고, 결과적으로 성적이 좋아졌어요. 성적이 오르자 선생님과 친구들의 태도가 우호적으로 바뀌었고 용기를 얻었죠. 이 용기는 나에게 숨겨져 있던 다양한 잠재력을 일깨워 주었어요.

고등학교 2학년 때, 담임선생님인 김동일 선생님을 만났어요. "김창수."라고 이름을 불러주시면서 먼저 인사를 건네고, 나를 이해하려는 노력을 아끼지 않았어요. 그리고 학급 안에서 역할을 주셨어요. 선생님의 배려와 격려는 나에게 큰 힘이 됐고, 고등학교 3학년 때는 학급 반장으로 당선되었어요. 그때 나와 같은 시각장애 학생을 가르치며 마음을 어루만져 주는 선생님이 되고 싶은 꿈이 생겼어요. 그리고 정말 운이 좋게도 대구대학교 초등 특수교육과에 입학할 수 있었어요.

그 시절 시골에서 혼자 공부해서 대학에 간 것은 내 노력도 있었지만 시험 당일 신들린 듯 찍은 수학 문제의 적중률이 결정적이었다고 믿고 있어요. 대학에는 갔지만 나는 여전히 아무것도 몰랐습니다. 그러다 시각장애인을 돕는 봉사 동아리가 있다는 소식을 듣고 '등대'라는 동아리에 가입했어요. 그 인연으로 고마운 선배님들을 만나게 되었지요. 대학에 먼저 들어온 시각장애 선배들은 공부를 어떻게 효율적으로 하는지, 앞으로의 진로를 어떻게 개척해야 하는지, 사람을 대할 때 어떤 태도로 임해야 하는지 등 피가 되고 살이 되는 귀한 이야기를 일러 주었어요.

선배님들은 앞으로 눈이 더 나빠질 수도 있으니 우선 '점자'를 배워야 한다고 했고, 시각장애 특수학교 교사로 발령받기 위해서는 '안마사' 자격을 취득해야 한다는 것을 알려주었어요. 당시에 시력을 활용하던 내가 굳이 점자를 배워야 한다는 사실에 당황하고 납득되진 않았지만 끈질기고 자상하게 설명해 주셔서 선배의 조언대로 시각장애인이 갖추어야 하는 지식과 기능을 하나씩 채워 나갔어요. 점자 공부를 시작했고, 안마를 배워 안마사 자격 취득에 도전했어요. 그때 그 선배님 권유가 없었다면 아마 많은 시간을 허비했을 거예요.

게다가 마음씨 착한 선배들은 그 더운 여름에도 한 평짜리 녹음실에서 내가 공부할 책을 읽어서 녹음테이프에 담아 주었고 시험을 칠 때는 바쁜 시간에도 틈틈이 대필자로 와서 나를 도왔어요. 대학 생활은 너무나 소중하고 감사한 시간이었어요. 점자 공부, 동아리 활동, 중도 실명자들과의 만남 등으로 하루하루 정신없이 바쁘게 보냈어요. 시력이 나빠도 문제가 되지 않는 여건 덕분에 나는 자유롭게 하늘을 나는 새처럼 행복했어요. 김

2부

저시력인은

어떻게

볼까

저시력인과
함께
일하는 법

나는 저시력인들과 같이 논문을 쓰거나 회의에 참석하는 일이 잦습니다. 여러 자료를 보면서 작업할 때 이들의 어려움을 바로 곁에서 마주하게 됩니다. 협업에 참석한 참여자들은 큰 화면에 PPT를 띄워두고 현재 페이지의 오류를 점검하며 오타와 그림의 잘못된 부분을 찾아냅니다. 이를 주도하는 정안인들은 빠르게 일을 진행합니다만 저시력인들은 자신이 맡은 부분이 아니라면 이 과정에 참여하기 어렵습니다.

예를 들어 어떤 작업 페이지 중 '햇습니다'라고 오타를 발견하고 "햇, 저거 틀렸어요."라고 말하면 어느 맥락에서 오타가 났는지 더 설명하지 않아도 정안인은 빠르게 대형 화면에서 오타를 확인할 수 있습니다. 그러나 저시력인은 멀리 있는 PPT 화면이 보이지 않아 어떤 글에서 오타가 났는지 알 수 없죠. 누군가는 금방 할 수 있는 작은 일에서부터 저시력인은 소외되고, 그것이 당연해질 때도 있습니다. 스스로 작업할 수 있는 공간이 마련되지 않거나 시간이 충분하지 않으면 이런 일은 비일비재합니다.

작은 글씨로 제작된 자료를 제공하는 일도 많습니다. 저시력인은 종이를 얼굴 가까이에 대고 글을 읽거나 휴대폰의 확대 기능을 사용하며 글을 읽어야 합니다. 속도가 느리다 보니 시각보다는 청각에 의지하여 내용을 이해하게 되지요.

저시력인을 위한 소소한 실천

개별 확대 모니터가 없는 상황에서 어떻게 저시력인을 도울 수 있을까요? 나는 우선 "앞에 화면이 보이세요?"라고 묻습니다. 보이지 않는다는 답변이 오면 그때 "혹시 내용을 읽어드릴까요?"라고 물어봅니다. 필요하다고 요청하면 옆에서 작은 목소리로, 전체 내용 중 현재 몇 번째 페이지를 진행하는지 전체적인 흐름을 상세히 말합니다. 마치 맹 시각장애인에게 화면을 읽어 주듯이 말이죠. 저시력 시각장애인은 화면의 위치는 압니다만 그 내용은 보이지 않기 때문입니다. 또한 회의에서 중요한 맥락을 놓치지 않도록 빠르고 간결하게 상황을 전달하며 이에 대한 의견이 있는지 물어봅니다. 전문가들이 모인 자리인 만큼 저시력인도 적극적으로 발언할 수 있어야 하니까요. 만약 저시력 당사자가 내용을 충분히 숙지하고 있거나 참여하기를 원하지 않는다면 "괜찮습니다."라고 답할 것입니다.

앞서 설명했듯이 저시력은 시각장애 정도에 따라, 장소에 따라 도움이 필요할 때와 그렇지 않은 때가 있기 때문이죠. 저시력인의 시각장애의 '모호함'이라고 할 수 있습니다.

회의에 저시력인이 참석한다는 사실을 알게 되면 미리 자료를 만들 수 있습니다. 보기 편한 자료의 형식이 어떤지, 미리 파일로 전송할지 등을 물어보면 좋을 겁니다. 이미 있는 자료에 고딕체 같은 굵은 서체와 포인트 20 정도의 글자 크기로 확대한 자료를 하나 더 만드는 일은 그리 어렵지 않으니까요. 그래서 나는 저시력인이 보는 파일이라면 제출 형식이 따로 있지 않는 한 서체는 고딕체로, 포인트 13~15의 글자 크기로 해서 문서를 만듭니다. 또한 커서의 위치를 파일 처음에 두고 저장해서 보냅니다. 저시력인이 문서의 중간에 있는 커서를 어두운 눈으로 찾지 않게끔 하는 것이죠.

파일을 받은 저시력인은 이런 작은 내 노력을 아는지

모르는지 알 수 없지만 가끔 나와 일할 때 편하다는 피드백
이 옵니다. 저시력인을 위한 소소한 지식을 실천하면서 칭
찬까지 받으니 얼마나 감사한지요. 🔘

모호한
시지각이 만든
블랙홀

연초에는 학교에서 새 학기를 준비하는 워크숍이 있습니다. 워크숍을 시작하며 내 소개를 위해 앞에 서게 되면 "선생님들, 저는 눈이 많이 나쁩니다. 기분 좋으면 인사하고, 기분 나쁘면 인사 안 하는 것이 아니라 못 알아보기 때문입니다. 저는 절대 차갑거나 까칠한 사람이 아닙니다. 자연스럽게 눈을 맞추면서 하는 것이 인사인데, 그게 자연스럽게 되기가 힘드니 어려운 점이 많습니다."라고 설명합니다. 다른 시각장애의 특성도 이야기하면서 일종의 '시각장애의 이해' 교육처럼 해마다 말할 기회가 있습니다. 하지만 그 이야기를 들은 선생님들이 얼마나 이해하고 적절하게 행동으로 지속될지는 알 수 없지요.

오전에 커피를 마시며 반갑게 인사한 선생님을 복도에서 다시 만났는데 내가 무표정하게 목례하고 지나가거나 복도에서 농담하면서 같이 웃었는데 화장실에서 마주쳤을 때는 눈도 쳐다보지 않고 지나간다면 당연히 이상하게 생각하겠지요. 나의 시각적 특성을 아니까 '못 알아보는구나' 하고 그냥 지나가는 것이 일반적입니다. 내가 장애 등급이 있는 저시력인이라고는 알지만, 동료들이 매 순간 그걸 기억하고 배려할 수는 없을 것입니다. 하루에도 수없이 일어나는 이런 일에서 느껴지는 감정이 긍정적으로 작용하지 않을 수 있어서, 서로 이해한다면 감사한 일이지요.

앞서 말했듯 내 왼쪽 눈은 코 쪽과 코 아래쪽의 3분의 1 정도가 보이지 않기 때문에 상황 판단을 위해서는 시선을 상하좌우로 움직여야 합니다. 이럴 때 오해할까 봐 신경이 쓰이지요. 이러한 '오해'가 가장 염려스러운 상황이 상대방이 악수하자고 손을 내밀 때입니다.

교장이나 교감 선생님 혹은 나보다 경력이 많은 선생님이 전근 오는 등 처음 만나면 악수를 청해 오는 경우가 있습니다. 그 순간이 다행히 포착되면 자연스럽게 악수를 하지만, 고개를 살짝 숙이며 인사하는 순간 상대가 악수를 하자고 내밀었던 손을 거두는 모습을 볼 때도 있습니다. 처음에는 '아, 어떡하지? 악수를 거절했다고 생각하지 않았을까?'라고 생각했다가, 횟수가 반복되면서부터는 '못 봤다고, 뒤늦게 봤다고 다시 손을 내밀까?'라고 고민했습니다. 이제는 상대가 손을 내미는지 살짝 아래를 보고는 얼굴을 마주 보며 악수하게 되었습니다. 그럴 때도 '왜 아래를 내려보는지 오해하면 어쩌지?'라는 생각을 하죠.

상황을 예상해서 미리 준비하는 이유는 느린 시지각 때문입니다. 악수는 상대방의 지위나 연령에 따라 먼저 청하는 것이 적절하지 않기도 하고, 전혀 예상하지 않은 관계에서 악수를 청해 오는 경우가 있어서 생각대로 응대가 되지 않아요. 그럼에도 여전히 새로운 사람과 만나면 최대한 자연스럽게 손 확인을 위해 아래쪽을 슬쩍 보고 나서 얼굴을 바라봅니다. 가끔 얼굴을 보려다가 상대의 팔 움직임이 보이는 경우가 있는데, 그럴 때 악수를 애쓰지 않고 하게 됩니다. 악수를 청하고 있는데 내가 모를 경우에 주변 사람이 "선생님, 앞에 분이 손 내밀고 계세요."라고 말해주거나 "손 한번 잡아봅시다." 하며 먼저 인사를 해올 때가 가장 마음이 편합니다.

직장 내에서 새로운 사람을 만나고 일을 하면서 완벽함을 추구하려는데, 이에 반하는 경험은 많은 내적 갈등을 일으킵니다. 어쩌면 저시력인의 정신 에너지가 제일 많이 소모되는 영역이 아닐까 생각합니다. 차

황금빛
물결을 이룬
열정의 30년

내가 살아온 53년 중 23년은 특수교육의 대상자로, 이후 30년은 특수교육 교사로 살고 있습니다. 어릴 적 열병으로 인해 평생 시각장애인으로 살아야 하는 운명을 받아들였어요. 하지만 특수교육 대상자와 특수교육 교사, 두 가지 경험이 교사가 된 지금은 진정한 행복이 되었다고 생각해요. 나는 특히 직업적인 측면에서 우리 학생들의 마음을 누구보다 잘 이해할 수 있는 운명적인 선물을 받은 셈이죠.

처음이자 마지막 직장이 될 이곳 '명진학교'에서 지난 30년간 나와 닮은 학생들과 함께하며 겪었던 일을 돌이켜 보면 가슴 한구석에 짠함을 느끼곤 해요. 교사로 처음 부임했을 때, 학교에 적응하느라 정신없이 의욕만 앞세운 첫 5년을 보냈어요. 힘든 시간을 보낸 후 비로소 교사로서 내 역할에 대해 조금씩 깨닫고 노력한 만큼 교직 생활의 황금기를 누리게 된 것 같아요. 그럼에도 참된 '사도의 길'이 무엇인지 여전히 확신할 수 없지요. 교직을 마치는 순간이라도 깨달을 수 있다면 좋겠어요. 이것이 내게 남겨진 영원한 과제예요.

25년 전 초등학교 4~5학년이었던 은수와 반 학생들과의 시간은 정말 잊을 수 없는 추억이에요. 그날도 우리 반 아이들이 힘차게 써 내려가는 점자 소리에 하루를 시작했어요. 아이들은 서로 자신이 빠르다고 자랑하듯 고사리 같은 손을 온몸으로 움직이며 힐끔힐끔 옆 친구의 점자 소리에도 귀를 기울여요. 그 모습은 지금 생각해도 저절로 웃음이 나와요. 아이들은 어쩌다 틀린 글자가 하나라도 생기면 아쉬운 마음에 눈물을 글썽이기도 하고, 옆 친구의 소리가 조금이라도 빠르면 마치 금방이라도 오줌을 쌀 것처럼 발을 동동 구르기도 해요. 눈이 보이건 보이지 않건, 아이의 마음은 차이가 없는 것 같아요. 아니, 가끔은 눈이 잘 보이는 아이들보다 더 순수하고 명랑한 것 같아요.

수업 시간에 시를 읽던 중 '황금빛 물결'이라는 구절이 나왔어요. 나름대로 색깔에 대한 느낌을 설명하려다가 반쯤 농담으로 "애들아! 우리 잠시만이라도 눈을 보게 해

달라고 하나님께 기도하자. 너희들, 부모님, 선생님, 친구들 얼굴도 보고, 이 '황금빛 물결' 색도 잠깐만 보게….".라고 말했어요.

그때, 은수가 말했어요.

"선생님, 저는 싫어요."

"아니, 왜 싫어?"

"뭐, 지금 갑자기 눈을 보게 되면 이제 겨우 잘 읽히고 써지는 점자는 어쩌고요. 또다시 글자를 배워야 하잖아요."라고 대답했어요.

그 말 한마디에 나는 할 말을 잃었어요. 저 순수하고 착한 아이에게 빛보다 더 큰 축복이 내렸으면 좋겠다는 생각만 했지요.

처음 교사로 부임한 해부터 지금까지 학생들에게 굳은 의지로 주어진 현실을 용감하게 이겨내자고 강조해 왔어요. 아이들은 제각기 재능이 있다고 믿어요. 초등교사로서 나는 아이들의 숨겨진 재능을 찾아 이를 북돋아 주고, 그 재능을 표현할 기회를 제공하고, 이를 계기로 아이들이 자신감을 느끼고 꿈과 희망을 품을 수 있게 만들어주자는 원칙을 세웠어요.

우리 반 다섯 명의 친구는 앞을 볼 수는 없지만, 각자 재능이 있었어요. 은수는 글짓기를 잘했고, 영은이는 동화 구연에 재능을 보였어요. 애교 만점 정은이는 만들기를 잘

했고, 수줍음을 많이 타는 미소는 악기 연주를 잘했죠. 유일한 남학생인 경수는 목소리가 크고 자신감이 넘쳐 웅변에 재능을 보였어요.

재능을 발견하고 난 뒤, 아이들은 물론 부모님과의 개별 상담을 통해 희망을 심는 작업을 시작했어요. 그래서 수업 시간과 방과 후 상담 시간에 국내외 시각장애인 성공 사례를 이야기하고 그 꿈을 이루기 위해 부모님들이 해야 할 역할을 구체적이고 명확하게 부여해 주었어요. 시각장애인이지만 미국 국무부 차관보에 오른 강영우 박사님이 좋은 예였지요.

아이들의 재능이 조금씩 영글어 갈 무렵 나는 다음 계획에 들어갔어요. 성취감을 얻을 수 있는 발표의 장을 찾아주는 일이었어요. 영은이는 동화구연대회에 참가하여 은상을, 은수는 사이버 백일장대회에서 장려상을, 정은이는 종이접기 부문에서 우량상을 수상했어요. 미소는 우리 학교 관악합주부 단원이 되어 클라리넷 연주를 훌륭히 소화했고 경수는 교육감기 웅변대회 2위, 장애인 종합 예술제 웅변 부문에서 2위를 차지했어요.

장애 학생 교육의 출발점은 그들에게 자신감을 심어 주고, 그 자신감을 동력으로 삼아 각자의 꿈을 마음껏 펼치게 하는 것이었어요. 장애 때문에 의기소침해서 자신감이 부족했던 아이들이 스스로 능력을 발휘해서 무엇인가

할 수 있다는 희망을 품게 만드는 것, 그것이 비록 작은 대회나 발표일지라도 엄청난 성장을 끌어낼 수 있거든요.

아이들 각자의 재능 계발을 통한 자신감 회복은 궁극적으로 그들에게 재능 그 자체의 신장뿐만 아니라 학습 활동에서도 많은 발전을 보였어요. 자신감을 가진 아이들의 변화를 보고 가장 기뻐하는 사람은 역시 부모님이었어요. 각종 재능 발표를 통해 장애 자녀에 대한 희망을 되찾은 부모님들은 학교에 대한 두터운 신뢰를 갖게 되었고, 학교 일에 전폭적인 지원을 자처했지요.

그 시절 아이들이 대학을 졸업하고 교사가 되거나 공무원이 되어 성장한 모습을 볼 때마다 내 시계는 도전과 열정으로 가득 찼던 그 시간으로 돌아가곤 해요.♥ 김

♥　　학생의 이름은 모두 가명이다.

일상에서
감각을
활용하는 법

최근 사범대에서는 『특수교육의 이해』를 필수 이수해야 합니다. 장애인을 마주한 적이 거의 없는 사범대 학생들은 장애 유형을 구분하기도 어려워하고, 같은 장애라 하더라도 삶의 방식이 다를 수 있다는 점을 이해하기 힘들어합니다. 나는 최대한 쉽게 설명하려고 노력합니다. 예를 들어 잘 들리지 않는 사람은 눈에 보이는 것에서 단서를 찾고 상황을 추측합니다. 눈이 안 보이는 사람은 청각과 촉각의 단서를 통해 예측하며 확인하는 과정을 거치지요. 이렇게 장애인은 감각을 다르게 사용될 수 있습니다. 따라서 감각장애(시각, 청각, 지체 장애)를 설명할 때는 '교사는 본인 자신의 감각이 아닌, 이들이 사용하는 감각으로 생각을 전환해야 이들을 이해할 수 있다'라고 말합니다.

그렇다면 저시력에 대해서는 어떻게 설명해야 할까요? 전혀 안 보이는 게 아니라 그래도 눈이 조금이라도 보인다는 것은 교육적 지원이 불필요해 보이니까 말입니다. 나는 저시력인들은 시각, 촉각, 청각 그리고 후각까지 이 모든 감각을 사용해야 정안인 위주의 삶을 따라올 수 있다는 점을 강조합니다.

예를 들어 과자봉지를 뜯을 때, 정안인은 과자봉지를 든 손과 눈의 적정한 거리에서 포장을 뜯을 수 있어요. 그러나 저시력인은 눈앞 3~5센티미터까지 과자봉지를 끌어와 눈에 대고 확인하거나 때로는 맹 시각장애인처럼 과자봉지의 울퉁불퉁한 부분을 손으로 만져 포장을 뜯습니다. 촉각과 시각을 함께 사용하지요.

본다: 모든 감각을 사용하는 것

저시력인과 정안인은 본다는 개념을 다르게 사용한다고 생각합니다. 나는 저시력인이 눈과 다른 감각까지 함께 사용해야 '본다'라고 해석했습니다.4 저시력인은 '본다'라는 개념을 만드는 과정을 거칩니다. 자신이 세상을 볼 수 있는 가장 좋은 방법을 고안해 내는 겁니다. 촉각과 청각과 후각, 미각을 함께 사용하며 잘 보이지 않는 그 지점에 대해 스스로 '인지 체계'를 만드는 것이지요. 나는 이 점에 주목했습니다.

여기서 말하는 인지 체계란, 저시력인이 처음 가는 지하철 입구를 찾아갈 때를 예시로 설명해 보겠습니다. 저 멀리서 지하철역이 희미하게 보이는(시각) 것 같아 그 방향을 향해 걸어갑니다. 가는 도중 지하철에서 내린 사람들이 걸어오기 시작하면서 발소리(청각)가 들리기 시작하지요. 근처에 다다르니 지하철 특유의 냄새(후각)가 아래에서 올려오는 것 같습니다. 이런 단서를 모아 지하철 입구라는 것을 확인하게 됩니다. 정안인이 눈으로 지하철역을 확인하는 과정과는 전혀 다르지요.

그럼에도 촉각, 청각, 후각 등의 감각이 궁극적으로 시각과 같은 역할은 할 수 없습니다. 저시력인도 정안인만큼 정확히 봐야 행동의 방향성을 결정할 수 있습니다. 우리는 시각적인 환경에 살고 있으니까요. 상가의 간판도, 메뉴판도, 식탁 위의 물컵도 보는 것이니까요. 정안인이 눈으로 보고 인지하는 것을 저시력은 자세히 볼 수 없지요. 어두운 부분 조명만 있거나 통창에 햇살이 잔뜩 들어오는 곳이라면 아마도 저시력인은 맹 시각장애인처럼 물컵이 어디 있는지 몰라 테이블을 더듬거리거나 컵을 건드려 물을 쏟는 일도 다반사일 겁니다.

저시력인의 '본다'라는 개념은 시각을 포함하여 청각, 후각 등 다른 감각과 함께 사용하는 것에서 그치지 않습니다. 이런 감각을 사용하는 과정에서 가고자 하는 지하철역에 안전하게 도착할 수 있는지 끊임없이 의심하게 만드는 정신적인 피로가 있습니다. 제한된 감각으로 다른 사람들과 자신이 같은 물체를 보고 있는지에 대한 거듭된 확인이 필요하다는 것입니다. 또 자신이 유추하는 물체의 위치와 실제 위치와의 차이를 확인하는 과정도 반복합니다. 이렇게 계속해서 세상을 보는 방법을 알아가는 사이에 '감각 활용' 기술이 발달하는 것이지요. 이러한 수고로움이 쌓여 '본다'라는 개념이 발전합니다.

기능 시각의 중요성

저시력인에게는 현재 눈의 의학적 관점보다 남은 시각을 얼마나 활용하는가가 더 중요한 문제가 됩니다. 그래서 저시력인이 현재 보유한 '잔존 시각'으로도 잘 볼 수 있도록 기능 시각을 훈련해야 합니다. '기능 시각(Functional Vision)'은 일상생활에서 시각을 활용하는 전반적인 능력을 말합니다. 예를 들어 물체와의 거리 인식, 물체 탐색 등 실제 생활에서 시각을 어떻게 활용하는지를 의미합니다.[5]

보고자 하는 물체의 움직임을 눈으로 따라가기, 멀리 있는 신호등의 위치 찾기, 신호등이 초록불로 변하는지 확인하기 등 보는 방법에 관해 전문가와 상의해야 합니다. 더 나아가 빛이 어디에서 들어와서 비추는지 그 범위를 알아보는 것과 정오에 북쪽을 향해 걸으면 등 뒤가 따뜻해지는 것처럼 빛의 비추는 방향에 따라 내가 위치한 방향을 알아내는 방법 등을 연습합니다.

또한 저시력인은 자신의 시각 변화를 받아들여야 합니다. 그 변화에는 '실명'이라는 두려움도 존재합니다. 시간이 지남에 따라, 질병에 따라 잔존 시각을 활용하기 어려운 상황에 놓일 수 있습니다. 당연히 잘 보이던 잔존 시각이 보이지 않는다면 당황스럽고 우울감을 느낄 수도 있습니다.

그리고 저시력인에게 나타나는 시력 감퇴와 같은 시력의 변화 외에 햇빛의 양에 따라, 실내조명 그리고 몸의 상태에 따라 시각을 인지하는 시스템은 늘 다릅니다. 잘 보고 인지하고 행동하고 싶은 마음은 굴뚝같지만, 실제 환경과 몸의 상태가 도와주지 않는 날이 많습니다. 그러니 다양한 환경에서 시각의 변화에 대해 적응할 수 있도록 훈련하는 내용도 '감각 활용' 교육에 포함되어야 합니다. 🔵

감각 활용 교육이란

　　그동안 저시력과 관련된 연구와 사회적 논의가 주로 시력을 최대한 활용하는 것, 즉 '시각 효율성'을 강조해 왔습니다. 그러나 그것만이 저시력의 교육과 재활의 목적이 될 수 없습니다. 시각을 제외한 다양한 감각으로도 '본다'라고 말할 수 있도록 감각을 사용하고 인지하고 판단할 수 있도록 돕는 것이 연구자와 교육자의 역할이라고 분명히 말하고 싶습니다. 그리고 다양한 '본다'라는 개념을 통해 저시력인이 자신 있게 인지하고 말하고 행동한다면 좋겠습니다.

　　다음으로 다섯 가지 감각 활용의 예를 이야기해 보겠습니다. 첫째, '청각'은 생각보다 다양하게 활용됩니다. 음성 지원이 되는 책, 화면 읽기 프로그램 사용 등은 업무와 학업에 도움이 됩니다. 실생활에서 청력을 사용하는 경우는 매우 흔하지요. 실내에서는 물 내려가는 소리로 화장실 찾아가기, 복도 끝에서 걸어오는 발걸음 소리로 누구인지 유추하기, 문 열리는 소리가 나는 곳으로 출입구 찾기 등이 될 수 있지요. 실외에서는 멀리 있는 신호등이 보이지 않고 횡단보도를 함께 건너는 사람이 없을 때 차가 횡단보도 앞에서 천천히 멈추는 소리를 들어야 합니다. 복잡한 교차로에서 직선, 좌회전 신호에 차가 움직이는 소리도 들어야 하지요.

　　둘째, '후각/미각'은 음식을 요리할 때, 재료를 눈으로 확인하기 어려울 때도 사용할 수 있지요. 한 번도 가보지 못한 대형 건물에서 화장실 특유의 냄새를 기억하여 화장실을 찾아가는 것, 옷에 베인 냄새로 빨아야 하는지 구별하는 것, 골목에서 냄새를 따라 치킨집에 찾아가는 것 등도 포함됩니다.

셋째, '촉각'은 점자를 사용하거나 촉각적 상징을 사용할 때, 맹 시각장애인이 많이 의존한다고 생각합니다. 그러나 공동 저자 두 분은 저시력인임에도 점자를 사용하지요. 일상에서는 통돌이 세탁기 뚜껑이 열려 있는지, 닫혀 있는지 확인할 때 촉각을 활용해야 합니다. 투명한 통돌이 뚜껑에 세제를 쏟아버릴 수도 있으니까요. 또 인도를 걸어가면서 신발로 전해지는 지형의 변화를 느끼며 걷는 것도 저시력인에게 해당이 됩니다.

저시력인은 물건이 많이 있을 때 자신의 소지품을 찾지 못하는 특징이 있습니다. 그래서 많은 옷이 걸려 있거나, 많은 물건이 엉켜 있을 때, 자신의 소지품을 찾기 위해서도 촉각적인 변별에 대한 훈련이 되어 있으면 덜 당황하겠지요. 신발이 엉켜 흩어져있는 곳에서 내 신발의 독특한 촉감을 기억하는 것, 점퍼가 여러 개 쌓여 있는 곳에서 내 점퍼 목덜미의 촉각적 특징으로 누군가의 도움 없이 찾을 수 있습니다.

넷째, '운동감각'도 저시력인에게는 중요한 감각입니

다. 우리의 신체 움직임은 유기적으로 작동하지요. 얼마 전 저는 시각장애인의 신체운동과 관련된 연구를 진행한 적이 있습니다.6 이 연구에서 보이지 않는 시각장애인들이 제대로 걷지 못하는 원인과 그로 인해 발생할 수 있는 부정적인 결과를 발표했습니다. 발목의 근육을 제대로 사용하지 못하니 걷기 자세가 바르게 나오지 않고, 이에 따라 근육의 변화가 나타나니 움직임이 퇴행한다는 내용이었습니다.

움직임이 퇴행하는 것은 단순한 운동능력의 약화만을 뜻하는 게 아닙니다. 결국 고유감각, 전정감각에 영향을 미칩니다. '고유감각(Proprioception)'은 자기 신체 위치와 움직임을 인식하는 능력을 말합니다. 주로 관절, 근육, 힘줄에 있는 수용체에서 정보를 수집하지요. 그래서 우리가 몸의 자세를 조정하고, 운동할 수 있도록 도움을 줍니다. 고유감각은 운동이 부족하면 민감도와 정확성에 영향을 미칠 수 있습니다. 그러면 '전정감각(Vestibular Sense)'에도 이상이 생기겠지요. 전정감각은 몸의 위치, 균형, 움직임을 감지하는 감각 시스템입니다. 시각장애인들은 여기저기 많이 부딪힙니다. 정확하게 보이지 않기 때문에 움직임이 둔하다는 평가를 받지요. 그럼에도 안전한 곳에서 자신의 감각을 활용하는 연습을 계속해야 다른 감각을 효율적으로 사용할 수 있습니다.

다섯째, '감각통합'의 문제가 생긴다면 목적에 따라 정확한 물체나 사람을 인식하는 데 어려움을 겪습니다. 이럴 때 청각과 촉각을 통해 유추해야 합니다. 멀리서 걸어오는 직장동료의 특이한 억양의 말소리와 발걸음 소리의 빠르기를 알아보며 먼저 인사할 수 있습니다.

정확한 인식이 어려울 때가 더 많지만 그럼에도 감각을 통합하여 무엇인가를 지각하는 연습을 게을리하면 안 됩니다. 그 시간이 쌓여 독립적인 자신의 삶을 만들어낼 수 있으니까요. 여러 감각 기술을 혼자 익혀보고 감각통합에서 잘못됨을 인지하고 이를 재수정하는 과정을 끊임없이 거쳐야 합니다. 이것이 정안인과는 다른 저시력인이 성인이 되는 과정입니다. 발달한 감각통합은 학생에서 성인으로 넘어가는 전환기, 그리고 시력이 변화할 때마다 적응해야 하는 전환기에 유용하게 사용됩니다.

그러나 앞서 밝혔다시피 저시력인의 부모님들은 눈만 잘 안 보이는 것일 뿐이라며 장애를 수용하는 과정을 거부하지요.7 그리고 대부분 학교에 알리지 않습니다. 이러한 상황에서 저시력인 자녀는 어릴 적부터 학습이 되어야 하는 감각 사용 능력을 배우지 못합니다. 또한 가정에서 손으로 더듬거리며 물건을 찾는 등 정안인은 사용하지 않는 감각을 사용하거나 행동을 하면 우리 사회에서 장애를 대하는 태도가 생각나서 부정적인 감정이 올라오기도 할 겁니다. 이런 부정적인 반응과 감각 훈련의 능동적인 탐색이 주저

되는 상황을 계속해서 마주하면 아이는 추후 의욕이 없는 어른이 되고 맙니다. 아울러 부정적인 피드백은 때로 그다음으로 이어질 발달 과정을 막아버립니다.

감각은 스스로 천천히 느껴야 하고 주변에서 재촉하지 않아야 합니다. 하나의 사물을 정확하게 인식하기 위해서는 오랜 시간이 걸리는 것이 당연합니다. 저시력 아이가 잘 보이지 않는 눈, 좁은 시야로 보면서 빠른 판단과 행동으로 이어지는 데는 여러 감각의 경험이 쌓였을 때라야 가능합니다.

저시력의 정도에 따라 다르겠지만 잔존 감각 활용 훈련을 끊임없이 하지 않으면 누군가의 도움을 바라면서 살아갈 수밖에 없습니다. 그래서 상실한 시각을 보상하도록 촉각, 청각, 후각 등의 감각을 훈련해야 합니다. 남은 시각을 유용하게 사용하는 법 못지않게 그 외 감각을 함께 활용하는 법도 삶의 질을 위해 강조해야 합니다.

감각 활용 교육이 제대로 실행되길

교육부의 『2022 개정 특수교육 교육과정』 내에서 '시각장애인 자립생활 교육과정'을 편성·운영하고 있습니다. 여기에는 저시력 학생을 위한 교육 내용도 포함되어 있습니다. 예를 들어 확대경과 확대 모니터, 망원경 등의 저시력 기구의 사용법 교육입니다. 개인 독서 스탠드 활용, 조명의 중요성 등을 가르치며 청각, 시각, 촉각을 활용하는 방법도 함께 배웁니다. 그러나 이 교육과정이 꼭 필요한 학령기 저시력 학생들에게 지원되지 않고 있습니다.

그 이유는 저시력을 경도 장애로 인식하는 사회적 편견 때문입니다. 많은 저시력 학생이 학교를 잘 다니고 친구들과도 원만한 관계를 유지하며 학업 성취도도 어느 정도 괜찮아 보이기 때문에 별다른 지원이 필요하지 않다고 여기는 것입니다. 학교, 부모, 교육 당국에서는 '장애가 있지만 잘 지낸다'거나 '불편함이 없어 보인다'라는 이유로 지원의 필요성을 간과합니다. 저시력에 대한 이해도 중요하지만, 감각과 관련된 다양한 활동을 지속하고 적극적으로 활용하며 감각통합을 이루려는 훈련도 멈추지 않아야 합니다. 이 점을 강조하고 싶습니다.

내 예상대로 감각 활용의 평가와 필요한 내용을 모두 배우는 국내 저시력인 학생들은 다섯 손가락으로 세기 어려울 정도로, 필요성만 강조되는 실정입니다. 2025년 현재, 교육열이 엄청난 대한민국에서 일어날 수 있는 일인지 싶습니다. 이 책을 읽으며 많은 저시력인이 독립된 삶을 위해 고군분투하며 자신만의 기술을 만들어 나가기를 바랍니다. 신

손을 뻗으면 그 자리에 있는 물건

매일 반복되는 일상은 무심결에 이루어집니다. 이를 닦기 위해 치약을 집는 손길, 머리를 빗으려고 빗을 향해 뻗는 손길, 선반에 놓아둔 로션을 손으로 잡는 것, 서랍장을 열고 옷을 꺼내는 일 등 일상은 의식하지 않아도 자연스럽게 행동하게 됩니다.

그런데 샴푸를 펌핑하려고 손을 뻗었는데 그 자리에 없고, 냉장고에 넣어 둔 양념통이 제 자리에 없어 칸마다 통들을 일일이 눈 가까이에 대고 무엇인지 확인하는 것은 여간 짜증스러운 일이 아닙니다. 수납장 안에 손을 뻗으면 키친타월이 손으로 만져지게 두었는데, 만져지지 않아서 몸을 숙여서 낮고 어두운 수납장 안에 머리를 들이밀어 찾아야 할 때는 왜 꼭 모서리에 머리를 찧으며 일어날까요?

정안인은 눈으로 확인하고 물건을 향해 손을 뻗지만, 저시력인은 시선을 그리로 둘 뿐, 잡고자 하는 물건의 상이 망막에 맺히지는 않습니다. 손을 뻗었는데 안 잡히거나 얼른 찾아지지 않을 때 눈을 가까이 가져갑니다. 그 과정에서 작은 사고가 나지요. 머리끈을 찾으려고 고개를 숙이다가 앞에 세워둔 스프레이를 이마로 박아 넘어뜨립니다. 이마나 볼은 그나마 괜찮지만 어쩌다 눈에 부딪히면 참을 수 없이 짜증이 납니다. 혹시 그 충격이 망막에 영향을 미치지는 않을까 하는 두려움도 밀려옵니다.

엄마는 눈이 나쁜 딸에게 조금이라도 도움을 주려고 집에 자주 오셔서 집 안 정리를 합니다. 나는 제발 가만히 두라고, 물건을 둔 자리에서 옮기지 말라고 하면 그러마 하시지만, 평생을 해 온 당신의 습관대로 집 안을 정리하지요. 샴푸, 린스, 바디워시의 위치를 바꾸어 놓고, 입으려고 내어놓은 옷을 서랍장에 다시 넣어버려서 나를 더 불편하게 만듭니다. 게다가 연로하신 엄마는 당신이 습관적으로 물건을 치우고는 어디 두셨는지 잊어먹는 일이 잦습니다. 그럴 땐 도를 닦는 마음으로 '어디에 두셨을까?' 추리하며 며칠씩 걸려 찾기도 합니다.

어느 날 필라테스할 때 쓰는 검은색 두건을 우연한 손길에 피아노 위에서 찾았습니다. 엄마가 세탁한 옷을 개켜서 주로 거실 수납장 위에 두는데, 어쩌다 검은색 피아노 위에 두셨고, 그걸 모르고 며칠이 지나서야 알게 된 것이죠.

냉장고 안의 반찬통과 식재료도 마찬가지입니다. 엄마가 한번 다녀가시면 식재료가 다른 통에 옮겨져 있고, 반찬통도 배열이 달라져 있습니다. 나는 냉장고의 제일 아래 선반에는 김치 종류의 반찬, 그 위 선반은 그때그때 만든 반찬, 제일 위 선반은 식재료를 두는데 말이죠. 그러면 나는 일일이 통을 열어보고, 눈으로 알 수 없으면 냄새를 맡고, 냄새로도 알 수 없으면 먹어봅니다. 반찬을 찾기 위해 일일이 뚜껑을 열어보는 일은 배가 고플 때는 참 힘들죠.

내가 주로 지내는 공간을 편하게 만들려는 엄마의 마음은 잘 압니다. 운동할 때 바꿔쓰는 안경, 안약을 넣어 두는 통, 물티슈, 신발장의 신발, 출근할 때 수월하게 찾으려고 머릿속으로 순서를 매겨 옷걸이에 걸어 놓은 옷들. 늘 사용하는 이것들은 제발 그 자리에 있었으면 좋겠습니다. 엄마….

내 시각의 제한을 보상하는 기술이 발휘되는 일상 루틴이 있습니다. 어쩌면 경건한 의식과도 같은 커피 내리는 시간입니다. 동료들과 함께 향기로운 커피로 하루를 시작하며 저시력으로 소외감을 느꼈던 내가 이제는 '사회의 일원'이 되었다는 생각에 자긍심이 생깁니다.

아침 7시 40분경 출근해서 컴퓨터를 켜서 음악을 틀고,

사진1   사진2   사진3

물을 끓이며 원두를 커피 그라인더에 넣어 분쇄합니다. 그런
데 커피를 갈면 그라인더의 오른쪽 뒷면이 까만 커피 가루로
덮여 있었고, 이유도 모른 채 닦아 냈습니다. 그라인더를 사
용하고 며칠이 지나서야 커피가 새어 나와 분사되듯이 벽면
에 뿌려지는 것을 시지각, 즉 목격하게 되었습니다. 알고 보
니 커피 그라인더의 아랫부분에 있는 용기를 안으로 꾹 밀어
넣지 않으면 커피 가루가 새어 나오더라고요. 그 후로는 그라
인더에 용기를 꾹 밀어 넣어 더 이상 흩어진 커피 가루를 닦
지 않아도 되었답니다.

　　그다음 커피 가루를 드리퍼 안의 여과지에 쏟아부을 때
가 시각적 한계를 보상하는 기술이 필요한 때입니다. 왼손으
로 드리퍼를 잡고 오른손으로 그라인더 용기를 잡고 부으면
왼손이나 드리퍼 바깥에 붓게 되기 쉽습니다. 그래서 왼손

의 새끼손가락을 드리퍼의 테두리에 가볍게 걸쳐두고 나머지 손가락은 컵을 잡는 모양으로(사진1) 만듭니다. 왼손이 커피 가루를 투하할 경계를 지어주는 것이지요. 그다음 오른손으로 용기를 잡고 드리퍼에 커피 가루를 쏟습니다. 이때 왼손 검지가 용기에 닿아있지요(사진2). 어느 정도 커피 가루가 떨어진 후에 왼손의 엄지와 검지 사이에 용기를 위치하면 남은 커피 가루가 제 위치에 말끔히 부어집니다(사진3). 마지막으로 왼손으로 용기를 옮겨 잡고 오른손으로 용기의 밑바닥을 탁탁 칩니다.

이런 보상 기술을 사용하고 있다는 것을 정작 나 자신은 몰랐습니다. 시각장애 교육을 공부하던 선생님이 일상적인 내 동작을 보면서 "커피 내리는 데 촉각을 같이 쓰시네요."라고 말하는 것을 듣고서야 알게 되었지요. 나도 모르게 이런 기술이 발휘되는 상황이 많겠지요?

일상에서 시각적 한계를 해결해 나가는 과정은 때로 지치지만 인내심을 키우며 '사회 구성원으로서의 나'를 인식하는 일은 기쁩니다. 차

암기의
달인

어릴 적 '암기의 달인', '천재' 이런 좋은 별명으로 불릴 때가 있었어요. 그 별명에는 나름대로 아픈 사연이 있습니다. 사실 나는 지능이 대단히 뛰어나지도 않고 암기에 타고난 재능이 있던 것도 아니었어요.

1970년대 초등학교에 들어가니 그 당시 선생님들은 무조건 책을 눈에서 30센티미터 거리를 두고 읽으라고 하셨어요. 눈이 잘 보이지 않으니 30센티미터를 띄어서 읽는다는 건 불가능이었어요. 하지만 선생님들은 나의 이런 상황을 이해해 주지 않았죠. 그 시절 우리 세대가 거의 그랬겠지만 바른 자세로 책을 읽지 않으면 선생님의 회초리가 있었지요.

엄격하고 무서운 그 시절 초등학교에서 나름대로 살아갈 대안을 찾아야 했습니다. 하는 수 없이 집에 돌아와 형이 책을 읽어 주면 그걸 잘 듣고 암기하기 시작했어요. 당시 초등학교 국어 교과서는 글자 수가 그리 많지 않았으니, 정신을 바짝 차리고 암기하면 할 만했어요. 어찌 되었든 읽으라는 책의 페이지를 기억하고는 외운 것을 말하기 시작했는데, 이 모습을 보고 놀란 선생님이 '천재'라고 한 거죠. 선생님에게 혼나지 않으려고 노력한 결과가 뜻하지 않게 '천재', '신동'으로 불리게 된 계기가 되었어요.

그때 이후로 나는 외우는 것으로 어려움을 극복해 나갔어요. 그러나 고등학생이 되니 암기에도 한계가 생겼어요. 특히 대학 입시 준비할 때는 참고서 양이 너무 많고 글자도 작아서 암기가 마음처럼 쉽지 않았어요. 내 나름의 방법을 찾아야 했지만, 특별한 대안은 없었어요. 그저 내 시력과 상황에 맞게 글자가 가장 큰 문제집을 찾아 그 문제집을 여러 번 반복해서 보기로 했어요. 어렵게 느낀 내용마다 색칠하고 밑줄을 치고 네모를 그려가면서 항목별 특징을 만들어 나갔어요. 그런 식으로 참고서를 처음부터 마지막까지 보는 데는 상당한 시간이 걸렸어요. 표식과 기록과 색상 등을 다양하게 해두었기 때문에 참고서를 두 번째로 볼 때는 그 내용을 쉽게 구분해서 떠올릴 수 있었어요. 책을 지저분하고 험하게 다루는 것으로 보일 수도 있었지만, 페이지를 넘기며 내가 표시한 부분을 볼 때면 그 내용이 무엇인지 어떤 의미를 담아두었는지 빠르게 파악할 수 있었어요. 처음 볼 때보다 두 번째로 볼 때는 두 배 속도로 빠르게 볼 수 있었고, 세 번째로 다시 볼 때는 두 번째 볼 때보다 두 배 속도로 책을 볼 수 있었어요. 그렇게 같은 내용을 세 번 이상 보면서 머리에 스캔하는 방식으로 공부했어요. 그래서 웬만한 암기과목은 거의 다 머릿속에 완벽히 넣을 수 있었지요. 그렇게 어렵사리 공부하면서 나름의 학습 방법을 깨닫고 대학에 진학할 수 있었어요.

지금은 자료가 많이 제공되는 데다 음성지원도 되고 요약 방법도 다양하니 큰 어려움이 없겠지만, 그 시절 나로서는 최선의 대안이었습니다. 지금도 속도가 느리더라도 천천히 나만의 기억법으로 세밀하게 공부하고 있어요. 암기하는 과정이 힘들지만 이렇게 세세하게 공부하고 나면 두 번째, 세 번째 공부할 때 시력에 고통을 겪지 않아도 이미 머릿속에는 나도 모르는 사이에 상당한 데이터가 쌓여 있는 기적과 같은 경험을 하게 되거든요. 마지막에 너덜너덜해진 참고서를 가지고 정리할 때면 책장만 줄줄 넘겨도 그 내용이 쏙쏙 생각이 날 정도에요. 한 권의 책을 자세히 여러 번 보는 방법이 저시력인의 학습에 도움을 주는 노하우라고 강조하고 있어요. 김

삶의 영역을
확장하기

　팬데믹 초기, 교육체제가 붕괴하는 게 아닌가 하는 두려움이 있었는데요. 교육부의 가이드라인이 제대로 이루어지지 않았던 그때 현장의 교사도, 학생, 학부모 모두 힘들었습니다. 줌 수업에 참여가 어려운 특수교육 대상 학생에 관한 기사도 쏟아져 나왔습니다만 장애와 관련된 정책과 지원은 늘 뒷전이었습니다. 사람들의 생명과 관련된 화급한 소식이 전해질 때 이런 장애 관련 이슈는 우선순위가 아니었던 것이죠.

　나는 이 시기에 시각장애 특수학교의 교육 상황에 관한 연구[8]와 일반 학교에서 근무하는 시각장애 교사의 어려움을 밝히는 연구[9]를 진행했습니다. 그 연구에서 온라인 수업을 위한 플랫폼이 없어서 카톡 그룹 채팅을 이용했다는 점, 그마저 와이파이가 연결되지 않아 참여가 어려운 학생이 있었다는 점, 촉각으로 이해할 수 있는 수업을 오로지 휴대폰을 통해 들려오는 선생님의 목소리에 의존해야 했다는 점 등을 밝혔습니다. 그리고 교육 당국이 최소한의 가이드라인을 만들어 배포하고 학생과 부모, 교사 등 누구나 쉽게 접근할 수 있는 플랫폼 개발을 함께 진행했더라면 어땠을까 하는 내용을 담았습니다. 세상이 어지러워지면 가장 먼저 소외되는 사람들이 장애인이라는 사실이 여실히 드러난 시대를 기억하고 싶어 연구를 남겨보았습니다.

저시력을 위한 보조공학

새로운 기술이 매일 나오는 시대입니다. 스마트폰과 앱의 기능이 다양해지고 AI도 나날이 진화하니, 감탄하며 사용합니다. 저시력인도 발전한 기술이 전해져 이전보다는 훨씬 편하게 생활하고 있습니다.

다양한 기술을 접목한 저시력인을 위한 '보조공학(Assistive Technology)'은 저시력인의 학습과 사회생활을 돕는 모든 기술과 장비를 포함하는 개념입니다. 이는 간단하게 조정할 수 있는 기초적인 보조기기부터 일반 공학 기기, 첨

● 높낮이 조절 독서대　　　● 개인용 스탠드　　　● 타이포스코프

단 기술이 적용된 장비까지 포함됩니다.

　저시력인을 위한 보조공학기기는 다음과 같습니다. 누구나 쉽게 구할 수 있는 '높낮이 조절이 되는 독서대와 책상'으로 책과 눈 사이 거리를 조절하여 고개를 숙이지 않아도 됩니다. '개인용 스탠드'는 밝은 조명이 필요한 저시력인에게 시환경을 개선할 수 있습니다. '타이포스코프(Typoscope)'는 시야의 문제로 책을 좌에서 우로 똑바로 읽지 못하거나 읽던 글줄을 잃어버릴 때, 눈부심에 민감할 때 사용하면 도움이 됩니다. 두꺼운 검은색 종이의 가운데를 책에 알맞게 잘라서도 사용할 수 있습니다.

　그리고 다양한 '확대경'이 있습니다. 과학 시간에 썼던 돋보기와 비슷합니다. 작은 글씨를 크게 보고 싶을 때 주머니에 넣고 다니며 사용하면 됩니다. 시력과 나이에 맞게 사

● 다양한 확대경의 종류　● 안경 부착형 확대경　● 휴대용 확대 독서기

용 방법이 다르니까 확대경을 눈에 알맞게 사용하기 위해서는 적응과 훈련하는 기간이 필요합니다.

　컴퓨터를 사용할 때는 운영 시스템인 윈도우의 '설정-접근성'에 들어가면 돋보기 프로그램, 화면 색상 반전, 마우스 확대 등 저시력인을 위한 다양한 지원이 있습니다. 자기 눈에 맞게 글씨를 확대하거나 마우스 포인터와 커서 모양도 잘 보이도록 색상과 크기를 바꿀 수 있습니다. 또 저시력인의 눈에 잘 보이도록 화면을 검은색 배경으로 설정할 수 있을 뿐 아니라 글자 색상도 바꿀 수 있습니다.

　많은 기업에서 출시하고 있는 제품들도 저시력인에게 도움이 됩니다. 오버플로우사의 '플로위'는 인공지능 기반으로 손가락을 따라 이동하면 화면이 자동으로 확대되는 프로그램입니다. 확대 독서기와 결합하여 저시력인이 쉽

오버플로우 사 플로위 프로그램

[AI 트레킹]
손가락을 감지하고 문서를 확대하며 손가락의 위치에 따라 문서를 이동합니다.

[배율 잠금]
AI 트래킹 사용 중 화면의 위치를 일시 정지시킵니다.

[배율 복귀]
AI 트래킹 사용 중 손바닥을 펴게 되면 화면은 원래의 배율(1:1)로 돌아옵니다. 문서 전체를 확인할 때 편리하게 사용할 수 있습니다.

고 빠르게 글을 읽어 나갈 수 있는 기능을 만들어 배포하고 있습니다.

애플사에서는 아이폰의 보이스오버(VoiceOver) 기능을 통해 화면의 내용을 음성으로 안내하고, 마이크로소프트사의 'Seeing Ai'앱과 투아트사의 '설리번 플러스' 앱은 사물, 텍스트, 얼굴 등을 인식하여 음성으로 안내합니다.

AI를 기대하는 보조공학

많은 기업에서 시각장애인을 위한 다양한 스마트 안경 등을 개발하고 있습니다. 검색만 해봐도 앱과 스마트 안경을 연동한 제품이 이미 출시되었고, AI 기반의 안경이 출시될 예정이라는 기사도 많이 봅니다.

'OrCam MyEye'는 국내 출시 전이지만 안경 프레임에 탈부착 가능한 형태로 책 신문 등 속도를 조절하여 효율적인 텍스트 읽기를 도와줍니다. 저장된 사람의 얼굴을 인식하여 이름을 알려주고 제품과 지폐를 식별할 수 있도록 카메라와 스피커를 통해 정보를 음성으로 전해줍니다.

삼성전자에서도 2023년 '릴루미노 글래스'라는 스마트 안경을 출시했는데요. 이 제품은 카메라의 영상 이미지를 처리하여 장애인이 사물의 인식률을 높여주는 형태로 전환되는 안경입니다.

세계보건기구(WHO)에서는 전 세계 22억 명이 시각장애가 있다고 발표했습니다.[10] 이 통계에 따르면 시각장애인의 대부분이 50세 이상인 것으로 나타났습니다. 우리나라처럼 고령화가 빠르게 진행되는 나라에서는 저시력인이 더 많아질 거라 추산됩니다. 앞으로 기업들은 저시력인을 위한 기술 개발에 더 많이 투자할 수도 있겠지요.

기술의 진보가 열어줄 세상

1960년대 후반부터 '배리어프리(Barrier-Free)'라는 용어가 사용되기 시작했습니다. 이는 물리적 장벽을 없앤다는 뜻으로 장애인이 이용할 수 있는 공간과 용품 등을 말합니다. 예를 들어 장애인 전용 화장실이나 휠체어 사용자를 위한 경사로 등이지요.

1990~2000년대에는 '유니버설 디자인(Universal Design)'이라는 개념이 등장했습니다. 장애 여부와는 관계없이 모든 사람이 편리하게 사용할 수 있도록 제품, 환경, 서비스 등을 설계하는 것을 말하지요. 예를 들어 자동문은 손이 없는 장애인, 어린아이, 양손에 무겁게 장을 본 성인 모두가 편리하게 이용하는 대표적인 사례입니다.

2000년대 이후에는 '포용적 디자인(Inclusive Design)'과 '접근성(Accessibility)'이라는 새로운 용어가 등장했습니다. 이는 다양한 사용자의 필요를 반영하여 설계하거나 특정 집단의 요구를 고려하는 방식입니다. 예를 들어 웹사이트를 디자인할 때 시각장애인을 위한 글자 확대 기능을 추가하거나 다양한 언어로 서비스를 제공하는 앱을 개발하는 것이 이에 해당합니다.

내가 보는 만큼 저시력인도 함께 보면 좋겠다는 바람이 있습니다. 세상에는 아름답고 좋은 것이 얼마나 많은가요?

소복소복 내리는 하얀 눈으로 절경이 된 풍경을 같이 보고, 다이소처럼 재미난 생활용품이 많은 곳을 둘러보며 물건을 고르는 일 등 일상의 즐거움을 시각장애인과 누리고 싶습니다. 진보적인 기술로 장애 교육을 전공하는 사람도 없어지기를 진심으로 바랍니다. 그렇지만 지금은 다양한 기술이 이들의 삶의 방향을 긍정적으로 바꿔줄 때까지 열심히 공부하겠습니다. 신

나의 길잡이
애플리케이션

요즘 대중교통을 이용하기가 매우 편리해졌습니다. 정류장마다 도착하는 버스 번호를 음성으로 안내하는 전광판과 버스 정보를 제공하는 앱은 대중교통을 이용하는 데 있어 큰 도움이 됩니다. 이제는 버스 정류장에서 다가오는 버스가 내가 타고자 하는 버스인지 주변 사람에게 물어볼 필요 없이 스마트폰으로 쉽게 확인할 수 있지요.

전에는 버스를 타기 위해 어려움을 많이 겪었습니다. 버스 정류장에서 서 있다가 내 앞을 지나쳐 버스가 정차할 때 버스 옆면에 커다랗게 쓰여 있는 버스 번호를 확인하고는 서둘러 달려가 탑승했습니다. 원거리 망원경을 사용해서 멀리서 다가오는 버스의 번호를 확인할 수도 있었지만, 내가 장애를 완전히 수용하지 못했던 그때에는 주변에 사람이 많을 때는 사용하기가 꺼려져서 주변이 한산할 때만 사용했지요.

지하철 이용 시에도 앱을 보고 노선을 미리 확인해 둡니다. 특히 주거지가 아닌 지역을 가야 할 때는 종착지의 방향, 정차역 수, 환승할 지하철의 종착역 등을 확인하여 두리번거리거나 행인에게 물어보는 등 스트레스받지 않도록 준비합니다. 참 지하철이 들어올 때 들리는 음악 소리가 종착지 방향에 따라 다르다는 사실을 알고 있나요? 편하게 지하철을 이용하는 좋은 정보지요.

지금 내 스마트폰에는 버스, 지하철, 택시, 기차, 고속버스 등 온갖 대중교통 관련 앱이 전부 깔려 있습니다. 전국 어디를 가더라도 문제없지요. 목적지에 가는 경로를 확인하고 필요한 표를 예매하고, 목적지에 도착했을 때는 즐거움과 함께 성취감도 느낍니다.

이제는 스마트폰이 없는 일상은 상상하기가 힘듭니다. 스마트폰을 음성으로 사용하는 방법을 익히고 나면 자유로운 세상을 하나 얻는 것 같습니다. 스마트폰을 개인의 시력에 맞게 다크모드, 텍스트 확대 등을 설정하고, 독서 앱은 음성으로 듣기도 하니까요.

나는 스마트폰의 카메라 앱을 제일 많이 사용합니다. 병원에서 순번이 언제인지 알기 위해 카메라 앱으로 천장에 가깝게 설치된 모니터 화면을 찍어 확대해서 확인합니다. 스마트폰이 없었다면 기약 없이 기다리거나 데스크에 가서 얼마나 더 기다려야 되는지 물어봤겠지요.

카페에 가서도 카메라 앱으로 찍은 메뉴판 사진을 확대해서 메뉴를 고릅니다. 스마트폰이 없었다면 늘 먹는 것을 주문하거나 일행 혹은 다른 손님이 주문하는 소리를 듣고 따라서 주문했을 겁니다. 직원에게 스스럼없이 메뉴를 물어보는 사람도 있지만 나는 내향형이라 거의 물어보지 않거든요.

출근 준비할 때도 카메라 앱은 유용합니다. 나름 코디한 옷을 입고 셀프카메라 모드로 앞모습, 옆모습, 뒷모습을 찍어 오늘의 차림새가 괜찮은지 살핍니다. 그 덕분인지 옷을 잘 입는다는 소리를 좀 듣습니다. 색감, 코디 감각이 좋은 편이라고 생각하는데, 점점 색을 감지하는 망막 중심부의 변성이 진행되고 있어서 어쩌면 나중에 어울리지 않는 색깔의 옷으로 코디하거나 신경 쓰지 않아도 되는 무채색 옷만 입는 날이 올지도 모르겠습니다.

스마트폰은 또 머리 손질할 때도 유용합니다. 나는 30대에 시작된 탈모 때문에 부분 가모, 모발이 붙은 헤어 밴드나 머리핀, 흑채 등 다양한 제품을 사용하는데요. 그중 흑채 사용이 가장 까다로워요. 거울을 보며 머리숱 사이를 매만질 수 없으니 나는 우선 손으로 만져서 발견한 곳에 흑채를 뿌린 후 폰으로 사진을 찍어 확인하고, 잘 마무리가 되지 않으면 다시 그 위치를 손으로 가늠해서 뿌린 후 또 사진을 찍어 반복 확인합니다. 순조로울 때는 단번에 머리 손질이 끝나지만 어떤 때는 여러 번 다시 하기도 합니다. 때로는 흑채가 옷에 떨어진 걸 모르고 출근해서 누군가 알려준 경우도 있었지요. 어쨌거나 스마트폰 덕분에 이미지에서 가장 중요하다는 헤어스타일을 아침마다 잘 해결하고 있습니다.

일상생활에서 자주 쓰이는 앱이 하나 더 있습니다. '설리번 플러스'인데요. 실행하면 화면이 카메라로 바뀌면서 화면에 잡힌 영상을 설명해 줍니다. 예를 들면 "냉장고 옆에서 파란 원피스를 입은 여성이 커피를 마시고 있습니다."라고 음성으로 해설해 줍니다. 특히 자주 쓰는 기능은 아주 작은 글씨를 볼 때입니다. 용도나 사용 방법이 적힌 화장품 용기, 복용 횟수나 용량이 적힌 영양제 병, 에어프라이어 또는 전자레인지에 몇 분 동안 요리해야 되는지 쓰인 냉동식품의 포장지, 각종 고지서 등 사진을 찍으면 인식된 텍스트를 읽어 줍니다. 이 앱이 없다면 가족이나 옆 사람에게 일일이 물어봐야겠지요. 차

제3의 눈

고등학교 시절까지만 해도 문서는 오직 펜으로 작성해야 했어요. 거의 10센티미터 이내에서만 읽고 쓸 수 있는 나에게 글자를 봐가며 옮겨 적기란 여간 힘든 일이 아니었지요. 더군다나 줄이 없는 종이에 글자를 쓰다 보면 위로 아래로 글줄이 갈지자(之)가 되어서 수습하기 힘든 경우가 많았어요. 그나마 자가 있다면 자를 대고 줄을 맞춰서 써보려고 애썼으나 역시 쉽지 않았어요. 전체적으로 공간을 파악하며 글자를 써야 줄을 맞출 수 있겠지만 한 줄이 삐뚤어지고 나면 다음 줄, 그다음 줄이 연달아 삐뚤어지고요. 또 소리에 의존하여 공부했기에 맞춤법도 자주 틀려 손댈 곳이 한두 곳이 아니었어요.

대학에 입학하고 컴퓨터가 보급되면서 한글 프로그램이 도입되었어요. 처음 접했던 한글1.5 버전은 가로세로 확대만 가능했지만 그렇게라도 크게 볼 수 있어서 너무 반가웠어요. 글자가 커서 읽기에 편하고 줄 맞추기를 할 필요도 없으니 큰 산 하나를 넘은 셈이었죠. 그때부터 글쓰기에 재미를 느꼈어요. 타자 입력 속도를 높이려고, 표 그리기를 잘해 보려고 여러 시도를 하며 장벽을 넘어서기 위해 많은 시간을 보냈어요. 스스로 문서를 작성할 수 있어서 즐겁고 행복했어요.

정안인이 말달리는 소리를 내며 키보드를 치는 모습을 보면서 부럽고 신기했어요. 그러나 글을 읽어가면서 입력하기란 정말 힘들었고 너무나 많은 시간을 투자해야 했지요. 나는 느리지만 정확하게 적응하자는 마음으로 수많은 글을 입력하고 수정하고 처리해 왔지요. 직장 생활 30년 동안 큰 문제 없이 업무 처리하고 학생들도 잘 지도했으니, 이 정도면 자랑스럽게 생각해도 되겠지요?

그런데 몇 년 전부터 인공지능(AI)이 급속도로 발달하더니 최근에는 내가 말만 해도 글자가 자동으로 입력이 돼서 많이 편해졌어요. 그동안 힘들었던 입력과 수정 과정을 손쉽게 해결할 수 있게 되었어요. 50살을 넘기면서 점점 더 침침해지는 눈 때문에 고생하는 내가 이런 인공지능의 도움을 받으니 힘들지도 않고 좋아요. 글쓰기 할 때

카카오톡의 나에게 보내기 위치에서 음성으로 내용을 말하고 자동 입력되는 글을 복사해서 작성할 문서창에 붙여 넣기 하는 방법을 활용하고 있어요(아직 아는 방법이 이것뿐이라…).

물론 음성이 글자를 입력되는 시각장애인 전용 소프트웨어가 30년 전부터 보급되어 상위 버전으로 발전하고 있다는 것은 알고 있어요. 하지만 나는 아직은 조금 남은 시력이라도 최대한 활용하려고 해요. 시력이 더 나빠진다면 그 프로그램을 활용하거나 한소네(시각장애인용 점자정보단말기)를 이용해서 글자를 입력하고 점자를 이용해서 읽는 방식을 선택하겠지만요. 어떤 방법이든 처리만 잘되면 뭐, 헛웃음을 웃으며 AI의 0.1퍼센트도 모르는 내가 나름대로 문명시대의 변화에 적응해 나간다고 자부하면서 제3의 눈 AI를 친구삼아 이 글의 마침표를 찍습니다.

다음으로 '스마트폰'을 이야기해 볼까요? 하루 중 스마트폰을 손에서 내려놓는 시간이 얼마나 되는지를 알아보는 게 스마트폰 사용 시간이 얼마인지를 측정하는 것보다 빠르지 않을까 생각될 만큼 필수품이 되었지요. 물론 디지털 중독이니 주의력 저하와 같은 사회적인 병폐도, 건강상의 문제도 있지만 나에게는 없어서는 안 될 눈이자 다리가 되는 편리한 도구예요.

나는 스마트폰으로 독서를 편하게 할 수 있어서 제일

좋아요. 전에는 잘 보이지 않아 책 읽는 일이 힘들고 고통 스러웠지만 이젠 앱에서 원하는 책을 골라서 듣기 실행만 하면 편히 들을 수 있게 되었거든요. 시각장애인을 위한 몇몇 점자도서관이나 음성도서 전용 앱을 이용하면 책을 소리로 읽을 수 있게 되어 있어요. 그뿐 아니라 각종 신문 기사도 네이버 뉴스에 들어가면 대부분 음성 단추가 설정 되어 있어서 얼마든지 신문 기사를 볼 수 있어서 좋아요.

내가 스마트폰으로 생활에서 가장 유용하게 사용하는 경우는 식당이나 가게 등 여러 간판을 구별할 때예요. 길 위에 수없이 많은 가게가 있지만 간판을 잘 볼 수가 없거 든요. 그래서 식당인지 옷 가게인지 제과점인지 알 수 없 어서 지나가는 사람에게 물어본 적이 많았어요. 요즘은 스 마트폰의 카메라로 간판을 사진 찍어 확대해서 보고 있어 요. 식당에 들어가기 전 문 앞에 붙어 있는 메뉴판을 찍어 서 어떤 음식이 있는지 확인한 후 자신 있게 주문하지요. 물론 키오스크라는 장벽이 있을 때도 있지만 적어도 무슨 음식을 파는 식당인지 알 수 있거든요. 스마트폰이 없을 때 어림으로 짐작하고 들어갔다가 정작 먹고 싶은 요리가 없어서 돌아서서 나왔거든요. 그때 식당 주인의 시선에 불 편했던 적이 많았어요. 저시력인 중에는 망원렌즈나 각종 보조 기구를 이용해서 미리 불편을 해소하는 분도 여럿 있 었어요. 그 장비를 모두 가지고 다니려니 늘 가방이 묵직

하더라고요. 나는 그게 싫어서 주어진 환경에서 어떻게든 적응해 보려고 했던 거죠.

스마트폰을 잘 이용하면 저시력인들도 어디든 마음 편히 여행할 수 있는 시대에요. 스스로 자신이 가고 싶은 길을 갈 수 있다는 것, 그것은 삶을 더 힘차게 살아가는 동력이 된다고 생각해요. 더 나아가 기술이 발전되면 또 어떤 것을 상상할 수 있을까요?

얼마 전 미국 연수에 다녀왔던 선생님이 경험한 이야기를 전해주었어요. 미국에서는 자율주행 택시가 일반화되어 운전자 없는 택시를 타고 이곳저곳을 편안히 다닐 수 있었다고 했어요. 예약 시스템에서부터 대금 지불까지 불편함이 없었고, 좁은 골목길을 안전하게 잘 통과하더라며 알려주었어요. 궁금해졌죠. 그리고 대학 시절 우리나라 최초의 시각장애인 특수교육 전공 교수님이셨던 임안수 교수님의 질문이 떠올랐어요.

"창수야, 만약 눈을 보게 해준다면 가장 먼저 하고 싶은 일이 무엇이냐?"

"운전하고 싶습니다. 운전해서 고속도로를 마음껏 달려보고 싶습니다."라고 주저 없이 대답했어요. 교수님께서는 빙그레 웃으시며 "그렇구나! 어쩌면 나와 생각이 똑같냐?"라고 하셨지요.

가족의 얼굴을 보고 싶다거나 자연을 보고 싶다거나

하는 바람이 아니라 좀 이상한가요? 시력을 잃은 사람마다 조금씩 차이는 있겠지만 자동차를 운전하며 사랑하는 사람들을 옆에 태우고 마음껏 질주하고 싶은 그 심정이야 어찌 다를 수 있을까요?

한 가정의 가장으로서 시각장애 때문에 아이들이 아프고 아내가 힘들어도 내가 직접 운전해서 병원에 가지 못해 가슴 아플 때가 많았어요. 하루빨리 우리나라도 자율주행 차량이 도입되어 행복한 자율주행을 하는 그날이 오면 얼마나 좋을까 생각해요. 김

이런 것
물어도 돼요?

    기술이 발달하면서 삶은 살기 좋은 방향으로 나아가는 것 같지만, 여전히 우리 사는 세상은 눈이 보이지 않으면 불편한 일이 아주 많습니다. 일상에서 정안인은 무심히 하는 행동을 저시력인은 애를 많이 써야 하지요. 여러 일상 중 궁금한 점을 두 분 선생님께 여쭤봤습니다.

    Q. 차향미 선생님, 출근 준비는 어떻게 하세요? 특히 화장은 어떻게 하는지 궁금합니다.

    요즘은 화장법이 많이 달라졌지만, 화장을 처음 시작한

30년 전에는 입술 라인을 그리고 루주를 붓으로 칠하는 방식이었고, 눈화장도 그러데이션을 잘해야 세련되게 보였지요. 화장은 근거리 작업이라 무리 없이 내게 맞는 색으로 화장하고 다녔습니다. 최근에는 눈부심, 자잘한 암점과 각막혼탁이 보태져 근거리 작업이 어려워졌어요. 그래서 아이라인과 눈썹라인은 반영구 문신을 했는데, 매일 하지 않아서 편해요. 어쩌다 눈 화장이 필요하면 손가락으로 살짝살짝 펴 바르며 손끝 느낌으로 라인을 잡습니다. 반짝거림이 있는 아이섀도를 하면 화장을 잘한 것처럼 보여서 좋습니다.

그래서인지 어느 시점부터 반짝거리고 광택이 있는 화장품을 선호하게 되었어요. 화장품뿐 아니라 귀걸이와 같은 액세서리도 반짝거리는 커팅이나 큐빅이 박힌 것을 좋아하고, 신발도 은색 혹은 금색으로 광택이 나는 운동화를 주로 신습니다. 매니큐어도 못 발라도 표시가 덜 나는 '디바 골드', '오로라'와 같이 반짝거리는 색상을 골라요. 베이지, 분홍 혹은 보라색을 바르고 싶지만 손톱의 경계선에 맞추어 붓질을 고르게 하는 것이 힘들어요. 그런 색조들은 못 바르면 얼룩덜룩해서 예뻐 보이지가 않거든요.

펄이 있는 아이섀도에, 광택 나는 운동화, 반짝이는 귀걸이와 반지, 매니큐어까지. 간혹 반짝이는 스팽글이 달린 옷을 입는 나를 보며 사람들은 내 취향이 화려하다고 생각하겠지요? 반짝여야 약한 시력에 지각이 되니 예쁜 것 같고, 반짝여야 매니큐어를 못 발라도 표시가 덜 나고, 광택 나는 운동화이어야 뭔가 묻어도 구별이 쉬워서인데요. 사람들은 모르겠지요? 내 화려함에 이런 속사정이 있다는 걸 말이에요.

수수한 화장을 좋아해도 내가 좋아하는 대로 할 수 없는 게 늘어나고 있어서 슬퍼요. 그래도 동료가 내 반지를 보며 이쁘다고 하면 다행이다 싶은 마음에 기분이 좋아지기도 합니다. 차

Q. 김창수 선생님은 어떠세요? 출근 준비가 어렵지 않으세요?

바쁜 아침 출근 준비 중에서 제일 힘들고 귀찮은 일이 '면도'에요. 거울을 보지 않고 깔끔하게 면도하기란 쉽지 않거든요. 면도할 때 아무리 거울 앞에 가까이 가도 수염의 상태를 정확하게 판단할 수가 없어요. 그래서 한 손으로 면도기를 잡고 다른 손의 끝으로 면도날이 지나간 부분을 살살 만져가면서 면도하는 수밖에 없어요. 그나마 요즘은 전기면도기가 있어서 그리 위험하진 않지만, 어릴 적 처음 면도칼을 이용해서 면도할 때는 얼굴에 상처를 낸 적이 한두

번이 아니거든요. 비누를 칠하고 조심조심해도 살짝 방심하면 얼굴에 상처를 내곤 했습니다.

면도할 때는 우선 코 아래쪽 윗입술과 아랫입술 주변을 먼저 하고, 머리카락을 위로 들어 올리고 광대뼈 옆에 있는 부분부터 얼굴 가장자리를 따라 면도한 다음, 볼 양쪽을 넓게 면도해서 마무리 지어요. 제일 면도하기 곤란한 곳은 아래턱 부분이에요. 아래턱과 목 사이에 수염은 몇 번을 해도 거칠거칠한 느낌이 남아서 전기면도기를 여러 번 스친 다음에야 비로소 깔끔한 느낌이 들어요.

손으로 만져가면서 하다 보니 빠뜨리거나 같은 곳을 여러 번 해서 상처를 내기도 해요. 심하면 피가 나기도 하고 주변이 붉게 멍드는 경우도 많아요. 한 번만 쓱 스쳐도 수염이 전부 싹 깎이는 그런 기계는 없나 하고 상상해 보지만, 그러다 피부를 다 갈아 먹진 않을까 불안해서 아예 그런 기계는 생각을 말자 하고 단념해요.

아무튼 면도는 출근 준비에 오랜 시간이 걸리는 일과 중 하나예요. 아무리 빨리해도 대략 10분이 걸려요. 요즘은 면도하면서 하루 일과를 구상하거나 어제 처리하지 못한 일은 없는가 이런저런 반성도 하며 10분을 알차게 보내려고 노력해요. 깔끔하게 면도하고 두 손으로 얼굴을 만져 보면 매끈한 느낌이 참 좋아요. 나름 상쾌한 아침 출근 준비라고 생각해요. 김

Q. 식사는 어떠세요? 식당에서 식사하실 때 가장 불편한
   점이 뭐예요?

우리나라 반찬은 종류가 다양해서 곤혹스러운 순간이 종종 있습니다. 어두운색의 반찬은 콩인지, 가지나물인지, 미역 나물인지 분간하기 어렵거든요. 나물인가 싶었는데 콩이어서 제대로 집지 못해 떨어뜨린 적이 있습니다. 함께 식사하는 자리에서 떨어진 콩을 다시 집어야 하지만, 고개를 숙여 콩을 줍기 망설여집니다.

일일이 반찬이 무엇이냐고 묻는 것도 쉽지 않습니다. 만약 맹 시각장애인이라면 사람들이 이러이러한 반찬이 있다고 설명해 주겠지만, 내게 그런 설명을 해주는 사람은 거의 없습니다. 아마도 내가 당연히 알고 있으리라고 생각하겠지요. 그래서 결국 집기 안전한 반찬이라고 판단되는 것들 위주로 조심스럽게 식사하는 경우가 많답니다.

가장 싫어하는 음식점은 뷔페예요. 뷔페는 대부분 일품요리, 고기, 튀김, 생선회, 샐러드, 과일 등 종류별로 놓여 있죠. 전반적인 색감이나 냄새로 어떤 종류인지는 알 수 있으나, 음식마다 특별한 색을 갖는 것 말고는 시각적으로 구별하기는 힘듭니다. 예를 들어 김밥, 피자, 잡채, 떡볶이, 스파게티, 부침개처럼 음식 고유의 색감이나 모양이 있는 것은 쉽게 알 수 있고, 작은 그릇이 함께 세팅된 국수, 특정한 모

양의 용기에 담겨 있는 죽이나 국 같은 것은 음식보다는 '작은 그릇', '특정한 용기'라는 정보가 보태어져 구별이 용이합니다. 같은 이유로 소쿠리에 기름종이를 깔고 놓여있는 것은 부침개나 튀김으로 판단하죠.

정안인과 같이 있다면 그 사람에게 물어보면서 음식을 담지만, 뷔페는 음식의 종류가 너무 다양해서 계속 묻기가 마음에 걸려요. 그래서 먹고 싶은 몇 가지만 어디 있는지를 물어봅니다. 혹은 "너도 군만두 먹을래?", "어, 이 바비큐 맛있겠다."와 같이 주변에서 들리는 대화에서 정보를 얻어요. 나의 시력으로만 음식을 담아오면 튀김이겠거니 생각했는데 먹어보면 아닌 경우도 더러 있답니다. 볶음밥인 줄 알았는데 마요네즈로 버무려진 샐러드이거나 미트볼 같은 완자류인 줄 알았는데 작은 도넛이거나, 생각과 다른 음식을 먹기도 하지요.

뷔페에서 왕도는 먹고 싶은 음식의 위치를 직원에게 물어보는 것이 제일이지만, 어쨌든 뷔페는 가기 싫어요. 차

Q. 김창수 선생님은 집안일 분담은 어떻게 하세요?

바쁘다는 이유로 집안일을 도와준 일이 별로 없었어요. 아내는 혼자서 집안일과 두 아이 양육을 하고 틈틈이 개인

적인 일도 다니면서 묵묵히 나를 도우며 살았지요. 그런 아내를 보면서 미안한 마음이 들어 가정일에 조금이라도 힘을 보태야겠다고 생각했어요. 세탁기에 있는 빨래를 꺼내서 건조대에 널고 청소기를 돌리고 쓰레기 분리수거를 하는 등 내가 할 수 있는 일부터 찾아서 하기로 했어요.

건조대에 빨래를 널 때는 수건이나 각이 진 옷 위주로 건조대의 안쪽부터 바깥쪽으로 차례차례 널고, 나머지 옷은 충분히 털어서 옷걸이에 걸어서 널어요. 순서대로 차근차근하면 눈이 불편해도 빨래 널기가 생각보다 그리 어렵지는 않아요. 그러나 옷에 얼룩이 남아 있는지는 판단하기 어려워서 아내가 한 번씩 살펴보곤 해요.

청소할 때는 어디에 먼지가 있는지 알 수 없어서 가능하면 처음부터 줄 맞추어 청소기를 밀고 다니는 편이지요. 그래도 청소가 잘 안될 수도 있어서 되도록 한 번 더 반복해서 하는 편이에요. 손으로 바닥을 살짝 만졌을 때 뽀송뽀송한 느낌이 들면 다음엔 막대 걸레로 바닥 닦기를 해요. 로봇청소기가 있다면 좋겠지만 성격상 로봇청소기가 아직 신뢰감이 가지 않아서 청소기를 밀고 다니면서 청소하고 있어요.

쓰레기 분리수거는 가능하면 집안에서 종이, 플라스틱, 유리 등 종류별로 분리해요. 이렇게 하면 다른 사람 시선을 의식하지 않고 편안하게 할 수 있어요. 그런 다음, 쓰레

기장으로 나가서 순서대로 지정 장소에 버리면 되지요. 정안인처럼 빨리 처리할 수는 없지만 천천히 하더라도 정확하게 하려고 노력해요. 사실 일 처리 속도보다는 침착하고 정확하지 않아서 발생하는 문제가 생각보다 더 많아요. 🕓

Q. 저시력인은 컨디션에 따라 시환경이 변하지요? 날씨에도 영향이 있다는데요. 어떤 날씨가 편하세요?

나는 눈부심이 심해서 구름이 두껍게 껴 햇빛이 차단되는 밝은 낮이나 저녁으로 넘어가는 어스름이 내리는 때가 편안합니다. 반면 먹구름에 비가 많이 오는 날이나 건물의 네온이나 가로등이 아직 켜지지 않은 늦은 오후에는 거리와 건물이 너무 어두워서 다니기에 아주 불편합니다.

게다가 비가 내리면 여기저기에 물웅덩이가 생기잖아요. 이때 네온이나 가로등, 지나가는 자동차 불빛이 있다면 그 빛에 반사되어 웅덩이의 존재와 크기를 가늠하고 피해서 갈 수 있지만, 조명이 켜지지 않은 어두운 낮은 그대로 밟고 지나갈 수밖에 없습니다. 모퉁이에 깊은 물웅덩이가 있어 발 전체가 푹 빠지는 경우도 종종 있습니다.

이렇게 어두운 대낮에 초행길이라 간판을 보며 찾아가야 할 경우에는 네온이 켜지지 않아 일일이 가까이 다가가

서 확인하고, 가까이 다가가도 알 수 없는 2층 이상의 간판
은 확인할 수 없습니다. 이런 날씨는 여러 번 갔던 곳이라
도 '이 길이 맞나?'하고 헷갈릴 때도 있고, 하필 가고자 하
는 목적지 앞에 세워둔 차량 때문에 가려져서 찾지 못해서
몇 번을 오가기도 합니다. 그럴 때는 스마트폰을 켜서 지도
를 확인하고, 전화를 걸어 보기도 합니다. 용무를 마치고 돌
아갈 때는 헷갈리지 않으려고 현관 입구가 노란색으로 되
어 있다든가 벽면에 돌출된 간판의 모양과 색깔 같은 특징
을 다시 한번 살핍니다.

'이 길이 맞는데⋯, 여기가 맞는데⋯' 몇 번을 왔다 갔
다 할 때, 어떤 오물이 섞여 있을지 모를 깊은 웅덩이에 발
이 빠졌을 때도 평정심을 잃지 않는 것은 저시력인으로 살
아온 구력이 세졌기 때문이라고 생각해요. 차

Q. 좋아하는 재밌는 장소가 있나요?

의외지만 '마트'에요. 나이가 들면서 아내와 함께 장을
보는 횟수가 늘었어요. 사실 젊을 때는 특별히 사고 싶은
것도 없고 물건에 크게 관심이 없었어요. 나름의 이유는 있
었어요. 마트는 물건은 너무너무 많고 화려하지만, 눈이 잘
보이지 않는 사람에게는 복잡하고 정신없고 혼란스러운 분

위기라 불편하니까요.

진열대에 아주 가까이 가서 보지 않으면 무슨 제품인지 가격이 얼마인지 파악하기 힘들거든요. 눈에 가까이 대고 물건 하나하나를 살피는 것이 그동안 좀 부끄럽기도 하고 남들이 이상하게 볼까 봐 감히 도전하기 힘들었어요. 그러나 나이가 들고 사람들 의식하는 정도가 많이 완화되면서 이제는 마트에 가면 이것저것 살펴보고 들어보고 만져보면서 가격도 꼼꼼히 비교하는 습관이 생겼어요. 하나둘 물건을 만져보고 가격을 보고 색상을 비교해 보니 몰랐던 것이 너무 많고 신기하기도 해서 재미있었어요.

내가 유독 관심이 많이 가는 곳은 주방용품 코너예요. 온갖 종류의 용기와 다양한 색상의 제품이 정말 많더라고요. 그걸 하나하나 살펴보는 것만으로도 참 흥미로워요. 반면에 마트를 아무리 가도 여전히 관심이 가지 않는 곳은 옷을 파는 코너예요. 옷에 관심이 덜한 편이기도 하지만 아내가 옷을 여러 벌 가져다가 입어보라고 해서 몇 번씩이나 옷을 갈아입어야 하는 불편이 있거든요. 교직자로서 고정관념에 박힌 스탠더드한 패션과 색상 이외에는 아예 도전할 생각을 하지 않고 있어서 조금이라도 젊게 입히고 싶어 하는 아내의 마음을 외면하곤 하지요.

마트에 간다는 것은 단순히 물건을 사는 것을 넘어서 내가 그동안 세밀하게 알고 있지 못했던 물건의 형태와 색상, 용도 등을 파악하는 체험학습이 되었습니다. 이를 통해 깨달은 많은 정보가 학생들을 교육하는데 상당한 아이디어와 사례를 제공해 줘요. 요즘 어떤 물건이 유행하고 어떤 색상이나 기능을 가진 신제품이 출시되는지를 알고 나면 교육 활동에도 적용할 수 있어요. 특히 경험의 한계가 있는 시각장애 학생들에게 이런 체험은 아주 소중한 교육의 자산이 되지 않을까 생각해요.

아내와 함께 마트 다니는 횟수가 늘어나면서 나도 조금씩 세상과 같이 호흡하는 느낌이에요. 요즘에는 아내보다 내가 먼저 마트 가자고 재촉할 때가 많아요. 김

Q. 교사 30년 경력이라니, 교사로서 보람이 느껴지는 기억에 남는 학생이 있나요?

내가 초임 교사 시절 담임을 맡았던 학생들이 생각이 많이 납니다. 특히 두 학생은 현재 나의 동료 교사가 되었답니다. 이 둘은 전맹이고 점자와 컴퓨터 등 각종 보조공학기기를 다루는 실력도 매우 뛰어납니다. 이 아이들이 이제 사회 속에서 자연스럽게 살아갑니다. '자연스럽게'라는 말이 이상할까요? 좋아하는 취미를 찾아 즐기고, 결혼해서 자녀를 낳고, 동료와 인간관계를 형성하며 그렇게 보통의 삶

을 살아가고 있습니다. 초등학생이었던 이 아이들이 이제는 나를 알게 모르게 지지해 주는 든든한 벗이 될 줄 누가 알았을까요? 차

Q. 저시력인으로 살면서 지금까지 도무지 이해하기 어려운 것도 있나요?

'얼굴이 예쁘다'는 것이 어떤 것인지 잘 이해가 되지 않아요. 사람의 얼굴을 가까이서 쳐다본 경험이 많이 없으니 예쁘다는 것에 대한 기준도, 느낌도 잘 알 수가 없으니까요.

어릴 때 예쁜 얼굴을 혼자 상상해 보았어요. 화장품 광고 모델 사진을 보면서 깨끗하고 잡티가 없어야 예쁜 얼굴인가, 갸름한 계란형 얼굴이 예쁜가, 그저 생각해 보았을 뿐이에요. 뭐 좀 자세히 살펴본다고 해도 남들이 말하는 예쁘다는 기준에 확신이 없었어요. 나름대로 호감이 가는 얼굴이 있기는 했어요. 얼굴이 깨끗하고 갸름하고 눈망울이 크고 맑으며 입술이 붉고 코가 오똑하고 이런 것이 보기에는 좋았어요. 그렇지만 TV를 보면서 "저 연예인 참 예쁘다.", 지나가는 여성을 보면서 "아! 저 여자 정말 예쁘게 생겼네." 라는 말에는 공감하기가 힘들었어요.

내 아내는 참 예쁜 얼굴이라고 생각했어요. 물론 나도

남자니까 예쁜 여자와 사귀고 싶은 욕망은 당연했지요. 이상형은 명랑하고 친근하고 보기에 흉하지 않은 얼굴이면 되지 않을까 하는 막연한 기준이 있었어요. 다행히 아내는 참 명랑하고 긍정적이고 나를 잘 이해해 주는 사람이에요. 요즘에는 사람들이 딸을 보면서 너무너무 예쁜 얼굴이라고들 해요. 그래서 "아! 우리 딸처럼 생긴 얼굴이면 예쁜 얼굴인가 보다." 하는 기준을 세우고 있어요.

저시력인 또는 시각장애인의 입장에서 예쁘고 멋진 사람과 사귀고 싶은 욕망은 정안인들과 별반 다를 것이 없을 거예요. 상대를 편하게 대하고 이해심이 넓으며 서로 공감하는 것이 많은 사람이라면 좋지 않을까요? 그런 사람일수록 관심이 가요. 뭐, 사람마다 기준은 다를테지만요. 김

3부

저시력인과

함께

보기

저시력인의
특별한
자기 소개

　처음 시각장애인과 일을 함께하기 위해 만났을 때 좀 신기한 부분이 있었습니다. 보통은 "안녕하세요." 인사하고 자리에 앉으면 되는데 시각장애인과 만나면 내가 누군지 반드시 알려야 했습니다. 그러니까 "안녕하세요? 신연서입니다. 저는 보입니다(또는 정안인입니다)."라고요. 그리고 내 목소리를 기억할 때까지는 같은 사람이어도 항상 이렇게 소개하며 인사해야 합니다. 정안인이라면 인상착의로 누군지 기억을 떠올릴 텐지만 시각장애인에게는 목소리로 기억하게 만드는 시간이 필요합니다.

　회의나 학회에 참여하면서 만난 많은 시각장애인으로부터 다양한 자기소개를 들었습니다. "저는 안경을 쓰고 있

습니다. 그렇다고 눈이 보이는 것은 아니고, 멋입니다."라
며 자신의 특징을 위트 있게 표현하기도 합니다. 시각장애
인이라는 낯선 울타리를 넘어서려는 자신만의 방법, 필살
기를 연구해 본 이들의 자기소개입니다.

시각장애인 사이에서 "저는 저시력입니다."라고 하면
'아, 눈이 조금 보이는구나' 하고 이해를 하니까 자기소개
가 어렵지 않습니다. 그런데 정안인들 사이에서 저시력인
은 자신을 소개할 때 좀 애매합니다. 눈이 아예 안 보이는
게 아니고 안경을 쓰면 잘 보는 것도 같고 혼자서도 어려움
없이 생활하는 것 같기 때문에요. 사실 저시력에 대한 이론
적인 이해가 없으면 보인다는 것인지 안 보인다는 것인지
이해하기 어렵지요.

얼마나 보이세요?

비장애인이 장애인에게 장애에 관해 질문하는 일은 대
단한 용기가 필요합니다. 장애에 관해 물어봐도 될까, 내 말
투와 분위기가 기분 나쁘게 만들진 않을까 하는 생각이 들
게 마련이지요. 그간 장애인과 지내본 경험상, 넘어서기 힘
든 그것을 넘어야 하는 지점이 언젠가는 찾아옵니다. 그중
하나가 장애에 관해 질문하는 겁니다.

사실 대학 수강계획서에 '시각장애를 이해하고…'라는 문구를 쓰면서도 장애를 이해한다는 것은 과연 무엇일까 궁금했습니다. 시각장애를 전공하면서 더욱 궁금해졌습니다. 저시력인이 눈이 보이긴 하는데 자세히 보이지 않는다는 건 무엇일까? 하루는 친한 저시력인에게 물어보았습니다.

"얼마나 보여요? 이런 것 물어도 되나요?"

"컴퓨터 해상도가 엄청 떨어진다고 보면 돼요. 평면 TV가 나오고 나서 브라운관 TV를 보면 정말 해상도가 떨어져 보이잖아요. 저는 지금 그런 해상도로 살아간다고 보면 돼요."

그분은 이해하기 쉽게 매우 근사한 답을 주셨습니다. 얼마나 많이 고민하고 물어봤을지 눈치챘을 테니까요. 그리고 좋은 질문을 해줘서 고맙다는 이야기도 들었어요.

그다음부터 어렵지 않게 저시력인에게 물어보게 되었습니다. 대부분 친절하고 자세하게 답해줍니다.

"시야 협착으로 시야가 좁은데 시력은 좋아서 둘러 보는 데는 시간이 오래 걸려요."

"나는 중간에 실명한 케이스여서 잘 보이지 않지만 현재 여기가 어딘지 유추할 수 있고, 대부분은 잘 맞아서 감으로 다니고 있어요."

이러한 질문과 답이 오가는 시간을 겪은 후 알게 되었

습니다. 이들의 삶에 가장 중요한 장애의 정도에 대한 이야기, 그러니까 '얼마나 보이냐?'라는 물음은 사실 저시력인에게 반가운 질문이라는 것을요. 신

좁은
시야
넘어서기

길을 걷거나 버스 등 대중교통을 이용하는 중에 누군가의 얼굴이 나를 향하고 있으면, '내가 이상해서 쳐다보나?'라는 생각이 들면서 고개를 돌려주기를 바라고, 그 사람을 원망하기도 했습니다. 어쩌면 나를 쳐다보는 게 아니라 내 주변의 무언가를 보고 있는 건지도 모르는데 말이죠. 그 사람의 시선까지는 보이지 않고 얼굴 방향만 시지각 되니 머릿속으로 온갖 부정적인 생각을 했었습니다. 성인이 되어서는 나를 향한 시선이 확실히 구별되면 "좀 그만 보세요." 하며 매섭게 쏘아붙인 일도 있었습니다.

마음이 위축되면 하고 싶거나 궁금한 것이 있어도 저시력때문에 제대로 못 할까 봐, 혼탁한 오른쪽 눈을 다른 사람이 알게 될까 봐, 도전하거나 앞에 나서거나 하는 일이 없었습니다. 나이가 들면서 새로운 일에 도전하거나 다른 사람에게 질문하는 일은 많이 자연스러워졌지만, 새로운 사람과 만나 관계를 맺는 것은 여전히 힘듭니다. 아직도 나를 드러내는 일이 불편한 것일까요?

오른쪽 눈의 실명과 왼쪽 눈의 암점들은 일상에서 일어나는 무수한 상호작용의 단서를 놓치게 만들어 소통이 어렵습니다. 이러한 좁은 시야를 보상하기 위해 나는 열심히 눈을 움직여서 상황이나 환경을 탐색합니다. 사회적 불리를 극복하기 위한 동작이지만 가끔은 나에 대한 부정적인 이미지를 만들기도 합니다.

그 예로 여자 선생님들 사이에서 패션과 스타일을 이야기할 때예요. 나는 대화에 뒤처질 수 없거든요. 그래서 선생님들의 신발이나 옷차림의 변화를 알아차리기 위해서 스캔(?)해야 합니다. 상대가 눈치채지 못하게 최대한 빠르게 살피려고 하지만 '왜 나를 훑어보지?'라고 오해할 수도 있겠지요.

가끔 민망할 때도 있습니다. 집에 찾아온 손님을 맞이하며 얼굴을 바라보다가 손님이 내미는 선물을 못 본 적이 있는데요. 그 뒤로는 인사를 나누면서 손님의 손을 바라봅니다. 그러다가 '내가 선물을 기대한다고 생각하지는 않을까?' 하고 아차 싶은 순간도 있습니다. 이 작은 움직임은 내게는 필요한 것이지만 상대방에게는 어떻게 비칠지 걱정스럽지요.

이런 상황에서 나의 시선 이동과 이에 따르는 머릿속 생각은 시각적 정보를 수집하려는 것입니다. 이것이 전부 사회적 상황에서의 미묘한 균형을 유지하려는 나의 기술이자 노력이라는 걸 알아주었으면 좋겠습니다. 차

먼저 목소리로
인사해 주실래요?

눈이 잘 보이지 않아서 겪는 어려움 중에 세월이 지나도 극복되지 않아서 여전히 힘든 것이 바로 사람을 알아보고 반갑게 인사하는 것이에요. 정안인은 인사가 왜 어려운 일이냐고 의아하게 느끼겠지만, 표정이나 눈빛을 보고 사람을 구별해 본 적이 없는 나로서는 무척 힘들어요. 다행히 상대방이 먼저 소리내 인사하면 금방 알아차리겠지만, 대부분은 가벼운 목례를 할 때가 많잖아요? 교복 자율화 시대였던 학창 시절에는 선생님과 친구를 구분하지 못하는 일도 많았고, 멀리서 다가오는 선생님에게 인사를 하지 못해 버릇없는 아이로 취급받은 억울한 사연도 많았어요.

옷과 머리 스타일을 수시로 바꾸는 여자들은 말하지

않으면 누군지 몰라서 멍하니 볼 때가 많아요. 그러다 보니 새로운 사람을 만나거나 모임에 나가서 소개할 시간이 되면 제일 먼저 "죄송하지만 먼저 목소리로 인사를 해주실래요?"라고 얘기하곤 해요. 요즘처럼 나이가 들어서야 편하게 말하지, 청소년기에 그런 말을 하기란 정말 힘들었고 다른 사람들도 잘 이해하지 못해서 사람을 만나거나 모임에 나가는 것 자체가 두려울 때가 많았지요.

요즘은 사람들이 내 이야기를 귀담아듣고 배려해 줘서 참 좋아요. 교감을 대상으로 하는 연수회에 가면 교육청 관계자들과 인사를 나누는 경우가 있어요. 다른 교감 선생님들은 먼저 찾아가서 인사하지만, 난 반대의 상황이 되지요. 그분들이 먼저 와서 인사를 건네면서 반가워해 주시거든요. 가끔 교육청 관계자들과 내가 특별한 관계가 있는 줄 알고 다른 교감 선생님들이 부러운 눈으로 바라볼 때가 있어요. 그럴 때는 좀 뿌듯하기도 하면서도 한편으론 웃음이 나오지요. 시각장애인이기 때문에 갖는 특권이라고 할까요?

사람은 누구나 각자 나름의 어려움이 있습니다. 그걸 말하는 건 부끄럽거나 숨길 일은 아니에요. 솔직하게 이야기하고 나면 마음이 편할 텐데 굳이 마음속에 담아두고 괴로워하고 피할 필요는 없잖아요. 김

저시력인과
대화하는 방법

저시력 친구들과 방학마다 여행을 가곤 합니다. 여행
중에 식당이나 카페를 들어갈 때는 몇 가지 기준이 있습니
다. 일단 어둡지 않고 눈이 부시지 않은 곳, 사람이 너무 많
아서 시끄럽지 않은 곳, 이것이 선택의 기준이 됩니다. 앞서
말한 것처럼 저시력인은 소리도 중요하니까요.

카페나 식당에 들어가서 나는 눈에 보이는 상황을 말
로 설명합니다. 예를 들어 "빈 테이블이 4개 남아 있는데요.
아, 조용하고 햇빛도 안 들어오는 자리를 찾았어요. 사람이
많아 부딪칠 수 있으니 한 줄로 가겠습니다." 이렇게요. 그
리고 메뉴판을 볼 때는 이 가게에서 맛있어 보이는 메뉴 몇
개를 읽어 선택하게 합니다. 그리고 테이블 위의 음식이 잘

보이지 않는다고 하면 그릇의 위치를 설명합니다.

저시력 친구에게는 구체적으로 표현하게 됩니다. '이것', '저것'이라고 하지 않고 '오른쪽', '왼쪽', '맞은편', '9시 방향', '6시 방향' 등으로 설명하죠. 표정과 눈짓, 손짓으로 표현하는 것을 말로 바꾸면 의도가 명확해집니다. 의도가 명확해지면 답변도 명확해지지요. 그렇다고 해서 모든 상황을 다 묘사하지는 않습니다. 학생이라면 자세히 설명하겠지만 성인 저시력인은 대부분 물체나 사람의 형태 정도는 알아보기 때문입니다. 성인인 맹 시각장애인에게도 주요 정보만 제공할 뿐 구체적인 상황을 전달하지는 않습니다.

저시력인에게 설명하는 방법

맹 시각장애인과 저시력 시각장애인에게 정보를 전달할 때 미묘한 차이가 있습니다. 예를 들어 맹 시각장애인에게는 테이블 위에 '접시'가 있다고 말합니다. 그리고 접시에는 깎은 사과가 있고 오른쪽에 있는 포크를 사용하라고 이야기합니다. 저시력인은 테이블 위에 접시가 놓여있는 것은 알 수 있으나 접시에 담긴 것은 무엇인지 알지 못합니다. 그러니 '사과가 깎여 있다'라고 말하지요. 포크가 보이는지도 물어봅니다. 만약 접시와 테이블의 색이 포크와 보색일 경우 눈에 더 잘 띨 수 있습니다. 테이블은 흰색이고 포크와 접시는 파란색 또는 빨간색이라면 그 위치를 설명하지 않아도 되는 것이죠. 맹 시각장애인에게는 그릇의 위치와 내용물과 포크의 위치를 함께 말하고, 저시력인은 그릇에 담긴 내용물을 확인하기 어려워할 때 설명합니다.

마트에 가면 저시력인은 자신이 사용하던 제품을 색상이나 모양으로 구별할 수 있으니 나는 필요한 물건의 위치를 찾아줍니다. 그다음에 작은 글씨로 된 제품명과 가격을 읽어줍니다. 저시력인은 다른 이들보다 나와 쇼핑하는 것이 편할 수 있겠지요. 물어보지 않아도 눈에 보이는 것을 말해버리니까요. 괜찮다고 할 때도 있습니다. 그러면 '지금은 시환경이 좋고 눈 상태도 좋아서 잘 보이는구나' 하고 생각합니다. 저시력인의 눈 상태가 늘 같을 수 없거든요.

맹 시각장애인에게 말하듯이 현재 상황을 구체적으로 설명할 때도 있습니다. 예를 들어 마트에서 장을 보고 나와 엘리베이터를 타기 위해 기다리는데 옆에 광고판이 보일 때입니다. 광고판이 번쩍거려 눈부심이 심하면 저시력인은 전혀 광고판을 읽을 수 없습니다. 그럴 때 관심 있을 만한 주제라면 먼저 설명합니다. 칫솔 광고를 하는데 50퍼센트 세일이라고 쓰여 있다고 설명하는 것이죠. 내가 보고 알고 있는 정보를 저시력인도 함께 공유했으면 하는 마음에 굳이 설명하지 않아도 되지만 이야기해 줍니다. 새로운 기술이 들어간 제품이 나왔다는 광고를 보면 새 제품이 궁금해지는 것처럼 정보가 차단된 저시력인과 정보를 공유하는 것이죠.

그래서일까요? 저시력인과 함께 있을 때 정안인은 생각보다 유연한 사고를 하게 됩니다. 저시력인의 시력이 시시각각 변할 수 있다는 것을 전제로 저시력인의 행동과 말의 상황을 계속 유추해야 하기 때문이지요. 시력이 고정적이면 좋겠지만, 대부분의 저시력인은 그렇지 않기 때문이에요.

깊어지는 정안인과 저시력인과의 관계

주변의 선후배, 친구, 동료로서 저시력인들과 지내면서 책과 논문에서 읽었던 개념을 몸으로 체득할 수 있었습니다. 비장애인은 체감할 수 없는 장애로 인해 사회에서 부정적인 피드백을 받는 여러 사례를 이들과의 대화에서 오롯이 느꼈습니다. 느리게 몸을 움직이고, 사람의 표정 변화를 알지 못하고, 지인의 바뀐 머리 모양과 옷차림새를 인지하지 못해서 사회생활에서 소외되는 경험에 관한 이야기였습니다. 저시력인은 업무 시 주도적인 역할이 맡겨져도 시각적으로 빠른 대처를 하지 못하니 자신의 능력보다 평가절

하된 상태로 살아갈 수밖에 없습니다.[11]

　이런 저시력인이 겪는 경험과 심리에 대해 있는 그대로 보여줘야 한다고 생각합니다. '저시력은 사회적으로 어려움이 있다'라는 전공책에 나온 단순한 문장으로는 이들의 어려움을 헤아리기 어렵기 때문입니다. 이 문장을 읽는 사람의 마음 그릇에만 의존해야 하니까요. 타인에 대한 이해의 폭, 장애의 어려움에 대한 공감 등이 들어갈 그릇의 크기에 따라 장애를 생각하는 범위가 정해질 것입니다. 그래서 나는 저시력인의 어려움을 이해할 수 있도록 이 책을 쓰고 있습니다. 아는 만큼 보인다고 하니까요.

　감사하게도 저시력인들과의 만남을 통해 타인의 눈과 귀와 마음이 되는 경험을 하게 됩니다. 항상 정확하게 반응하며 공감할 수 있는 건 아니지만 그럼에도 서로를 지지하고 응원하는 친밀한 관계를 만들 수 있어서 기쁩니다.

　또한 많은 저시력인이 자신을 표현하는 일을 멈추지 않기를 바랍니다. SNS에서 유튜브에서 그리고 사회적 관계에서 그 어디든 사람들을 많이 만나고 이런 만남이 자주 반복되어 저시력인이 어떤 일이든 용기를 낼 수 있기를 바랍니다. 항상 귀를 열어 두고 가끔은 이들의 눈이 되겠습니다. 그러다 보면 나의 마음 그릇도 커지겠지요. 신

나처럼이 아니라
'누구나'

몇 년 전 디스크로 병원 치료를 마친 후 필라테스를 시작했습니다. 콤비리포머, 바렐, 체어라는 대기구를 사용해서 코어 중심의 근력을 키우고 체형을 바르게 하는 것이 필라테스의 목적인 것 같습니다. 필라테스는 대부분 강사가 멘트를 하면서 동작을 보여주면 수강생들은 그걸 보면서 따라 하는 형식이죠. 그런데 강사의 위치가 내 자리에서 멀면 어떤 자세인지 모를 때가 있습니다. 몸통의 방향이나 팔다리의 위치 같은 큰 동작들은 떨어져 있어도 보이지만, 대기구의 어느 부분을 어느 방향으로 해서 잡아야 하는지 모를 때가 많지요.

다행히 나는 이료 교사로서 근육을 잘 아는 터라, 대부분은 강사의 멘트만으로 자세를 짐작해서 할 수가 있었습니다.

그러나 가끔 자세의 실루엣은 맞지만, 잡아야 하는 것을 안 잡고 있다든지, 잡고 있어도 엉뚱한 위치를 짚고 있다는 것을 강사가 몇 카운트를 세고 나서야 알게 된 적이 있지요. 그럴 때 참 멋쩍은 마음이 듭니다. 어쩌면 끝까지 모른 채 잘못된 자세로 한 적도 있겠죠.

사실 '이렇게', '그렇게', '저처럼'이라는 단어로 설명하면서 동작을 따라 하라는 강사가 대부분입니다. 슬쩍 옆 사람의 자세를 보고 따라 하지만, 옆 사람의 자세 역시 잘못된 경우가 종종 있었고요. 센스 있는 강사는 내가 하는 모양새를 보고 눈이 안 좋다는 것을 알아채고는 직접 자세를 고쳐 주기도 합니다. "밴드를 이렇게 잡으세요."가 아니라 "밴드를 끝에서 10센티미터 정도 안으로 잡으세요." 혹은 "여기에 발을 올리세요."가 아니라 "아래에서 2번째 사다리에 발을 올리세요."라고 말해 주는데, 그럴 때면 얼마나 편하고 고마운지 모릅니다.

습관적으로 하는 말은 고치기 힘들죠. 나는 오랫동안 시각장애 학생을 지도해오고 있어서 학생들에게 얘기할 때는 '이, 그, 저'와 같은 대명사를 쓰지 않습니다. 방향을 얘기할 때도 '이쪽, 저쪽'이라 하지 않고, "네 기준에서 정면이야.", "밥그릇에서 1시 방향에 나물이 있어."와 같이 말합니다. 그러나 다른 학교에서 전보 온 선생님들은 습관이 그렇지 않으니, 익숙해질 때까지 선생님도 학생도 힘든 시기를 지내야 하지요.

　'유니버설 디자인'이라는 개념이 있습니다. 물리적인 환경뿐만 아니라 온 세상이 누구나 편하게, 모두가 알 수 있게 만들어진다면 달콤하고 말랑한 마시멜로를 먹는 것처럼 더 기분 좋게 살 수 있을 텐데 말이지요. 차

안과 진료는
너무 싫어

　살면서 이런저런 이유로 병원을 갈 일은 많아요. 나에게 가장 불편한 병원은 역시 평생 가지 않을 수 없는 안과에요. 안과가 싫은 게 아니라 이유는 따로 있어요. 안과에 가면 기본적으로 시력을 측정하고 안압 검사를 받는 과정이 있지요. 나는 평생 눈을 옆으로 보면서 살았기 때문에 이런 기본 검사를 받을 때면 정말 많은 어려움이 생겨요.

　우선 시력검사는 시력표를 정상적인 거리에서는 볼 수 없으니 한발씩, 한발씩 앞으로 와달라고 하거든요. 잘 보이지도 않는 시력을 자꾸만 검사하는 것도 부담이지만 간호사의 당황해하는 느낌과 한발씩 다가가면서 겪는 절망감이 끝이지 않고 나를 괴롭히지요. 그래서 요즘엔 처음부터 오른쪽은 거의 보이지 않고 왼쪽은 약 1미터 거리에서 제일 큰 글자 하나 정도 보인다고 말합니다. 사실 시력검사의 의미가 없는 사람이라고요. 그러면 간호사는 지난번 시력검사 내용을 물어보면서 적절하게 기록해요. 아무렇게나 적어도 상관이 없지만 이런 과정을 한 번씩 겪어야 하는 당사자로서는 참 불편한 순간이 아닐 수 없어요.

　문제는 그다음 상황이에요. 안압 검사와 안저 검사를 할 때지요. 눈을 검사대의 틀에 가까이 대고 앞을 바르게 보면서 간호사의 지시에 따라야 하지만 불빛과 바람총만 느껴져도 제멋대로 움직이는 눈동자 때문에 검사를 한두 번 만에 마친 적이 없어요. 처음엔 친절한 검안사도 대여섯 번 반복되는 검사에서는 약간 짜증 섞인 태도로 변해요. 나는 이미 그런 상황에 익숙해서 "바르게 보려고 하는데 잘 되질 않습니다. 죄송합니다."라고 말하고 다시 한번 정신을 바짝 차리고 검안사의 손짓을 보면서 그쪽을 향해 보려고 애를 써요. 역시나 실패하고 말지요. 어떻게 검사를 했는지 모르겠지만 검안사는 한숨 섞인 목소리와 함께 진료실 앞에서 기다리라고 하지요. 나도 한숨을 푹 쉬고 진료실 앞에 앉아 의사 선생님 만날 준비를 해요. 아마 검사를 제대로 못 했을 것에요. 이렇게 안과에 한 번 다녀오려면 말 그대로 진땀을 빼야 하지요.

　기술이 많이 발전하여 AI가 진료도, 진단도, 시술도 하는 시대가 되었다고 하던데요. 나같이 안과 검진이 어려운 사람을 위해서 한 번 쓱 스쳐도 검사가 되고, 로봇이 미세한 곳을 시술하는 시대가 오면 정말 좋을 텐데 하는 희망 섞인 혼잣말을 하면서 안과를 나오곤 해요. 김

어려움을
공유하는
모임

앞 장에서 저시력인과 정안인이 서로의 차이를 인정하고 편해지도록 대화해야 한다고 했는데요. 이번엔 저시력인들 서로가 어려움을 공유하고 연대하는 일에 관해 이야기해 볼까 합니다. 나는 저시력인 친구들로부터 정안인은 모르는 저시력 장애로 인한 다양한 이야기, 그러니까 시력의 변화 때문에 색 구분이 되지 않거나 친구를 알아보기 어려워 곤란했다는 그런 일화를 많이 들어볼 수 있었는데요. 그러다가 대화의 주제가 나눠지는 것을 깨달았습니다. 저시력인이 나와 같은 정안인과 얘기할 수 있는 주제 그리고 같은 저시력인끼리 대화할 수 있는 주제로요.

저시력인이 서로 만나야 하는 이유

저시력인이 통합교육만 받았다면 다른 저시력인들과 교류가 생각보다 어렵습니다.[12] 어쩌면 주변에 저시력인이 한 명도 없을 수 있습니다.

이 사실을 주목하며 시작한 연구에서 연구 참여자 대부분이 홀로 지내다 인터넷에서 저시력 커뮤니티를 찾아 가입하고 성인이 되어서야 시각장애인 복지관에 문을 두드렸다고 이야기했습니다. 그리고 여러 저시력인을 만나 동질감을 느끼고 일상 및 직업, 보조공학기기의 이용 방법 등을 모색하며 마음을 열게 되었다고요. 고립된 생활을 하다가 같은 저시력인들과 이야기할 수 있는 곳을 찾아 놀랍고 반가웠다고 말합니다. 자신의 어려움을 온전히 이해하는 동일한 상대를 만나게 된 것이지요.

어두운 우주를 떠다니는 것처럼 아무도 이해하지 못해서 혼자 감당해야 했던 자신의 어려움이 사실은 정보 부족에서 시작되는 경우가 많습니다. 저시력 친구들과의 소통을 통해 날이 궂을 때 더 안 보이고 시력이 점점 안 좋아지는 현상에 대해서, 병원과 의사에 대한 정보에 대해서 그리고 먹고사는 고민까지 함께 나누게 되지요. 최신 선보이는 보조공학에 대한 이야기도 나누면서 새로운 세상에 적응해 갈 수 있는 정보도 쉽게 얻을 수 있습니다. 이런 교류를 통해서 저시력인들은 미래에 대한 막연한 두려움이 사라지고, 현실적인 고민, 즉 어떤 공부를 해야 경제적 독립을 이룰 수 있는지 꿈꾸게 됩니다.

성인이 되어 시각장애인 등록을 한 경우를 두고는 "나는 돌고 돌아서 이 자리에 온 것 같아. 내가 장애인이라는 것만 알았어도…. 그렇게 나를 탓하면서 능력이 없다고 힘들어하던 세월이 너무 길었어. 진즉에 장애인의 세계에 들어왔어 했어."라고 말했지요.

또한 연구 참여자들은 다른 저시력 장애인을 만남으로 자신을 성찰하는 기회도 있었답니다. 처음으로 장애인 관련 기관에 들어가서 만난 다른 저시력인의 모습을 설명해주었는데요.

"그분이 모니터를 엄청 가까이 보더라고. 등은 약간 굽어있고 행동이 느렸어. 그러면서 처음으로 다른 사람이 볼 때 나도 저렇겠구나 하는 생각을 했어."

저시력인을 만난 적이 없어서 직면하지 못했던 다른 사람이 자신을 바라보는 모습을 이해하고 장애인으로서 삶을 받아들이는 과정을 겪게 되는 것입니다.

이렇게 저시력 공동체에 들어와 정보를 얻고 자기 모습을 마주하며 성장하는 모습을 보면서 나는 저시력인들이 저시력 커뮤니티에서 더욱 적극적으로 활동하기를 기대하게 됩니다. 서로의 고민을 공유하고 위로를 받으며 느끼는 공감은 정안인과의 관계에서는 절대 얻을 수 없기 때문입니다.

저시력 커뮤니티 들어가기

대학 강의에서 만나는 저시력 학생 중에서 통합교육에서 전혀 교육적 지원을 받지 않은 학생, 약간의 지원(확대 교과서, 확대 모니터)만 받은 학생이라면 제일 먼저 저시력 커뮤니티에 들어가라고 추천합니다. 나는 이렇게 주변에 저시력인이 한 명도 없는 학생을 '나홀로 저시력인'이라 칭합니다.

저시력 커뮤니티에 들어가면 자신의 시각에 대한 어려움을 말하고 필요한 것을 부탁하는 방법을 배우고, 국가나 단체의 지원에 관한 정보 등이 디딤돌이 되어 건강한 성인으로 성장하는 데 도움이 될 거라고요. 자신이 제대로 정보를 인식하고 행동하는가에 대한 의심과 불안으로 살아가는 자녀에게 저시력인들이 어떻게 살아가는지 그들과 함께 미래를 모색해 보자고 정안인 부모가 먼저 가이드를 제시하는 게 제일 좋습니다.

나는 20만 명이 넘는 생각보다 많은 저시력인들이 어디에서 어떻게 자신의 어려움에 적응하며 살아가는지 궁금합니다. 들어줄 사람이 있어야 어려움을 말할 수 있습니다. 정안인은 '힘들겠다', '속상하겠다' 정도만 이야기할 수밖에 없습니다. 저시력인으로서 겪는 어려움은 그들만이 제대로 이해해 줄 수 있습니다. 저시력 커뮤니티에 주저 말고 들어가세요. 신

함께 사는
세상의 규칙

10월, 하늘이 맑고 공기가 서늘하니 외출하기 딱 좋은 날씨예요. 그래서 원주에서 만두 축제를 한다는 소식을 듣고 나들이 가기로 했어요. 만두를 좋아하는 아들과 아내의 차를 타고 길을 나섰어요.

춘천에서 원주까지는 차로 1시간 거리라서 운전하는 아내의 부담도 크지 않으니 가벼운 마음으로 고속도로에 올랐어요. 나의 흐린 눈으로 보는 가을이지만, 울긋불긋한 늦가을 정취가 너무 아름답게 느껴지고 상쾌한 공기가 좋았어요.

하지만 춘천IC를 지나자 한 번도 경험하지 못한 심각한 도로 정체가 시작되었어요. '앞에 무슨 사고가 있나?'

하고 생각하던 참에 아내가 춘천에서 남원주까지 도로포장 공사가 있다고 안내 표지판을 읽어 줬어요. 옆을 보니 안내요원으로 보이는 분이 쉼 없이 경광봉을 흔들고 계셨어요. 꽉 막힌 도로에서 같은 동작을 반복하는 모습이 안타까웠어요.

"와! 하루 종일 저러고 있으면 참 힘들겠다. 게다가 겨울이라면 얼마나 추울까?" 하고 말하자, 아내가 웃으면서 대답했어요.

"하하, 저건 마네킹이야. 다리가 없잖아." 자세히 보니 높은 받침대 위에 올려진 몸통에 로봇팔 같은 것이 반복적인 움직임을 하고 있었어요. 여지없이 내가 저시력인임을 실감했죠.

이런 일은 내가 근무하는 학교에서도 자주 겪는 일이에요. 어느 날 5교시 수업이 끝나고 안마 실습실 담당 선생님을 만나기 위해 승강기를 탔어요. 특수교육지도사 선생님과 2명의 학생도 함께 탔어요. 특수교육지도사 선생님이 담당하는 학급의 학생들은 모두가 중도·중복 장애 학생(두 가지 이상의 장애를 가진 학생)이라 평소 같으면 특이한 소리를 내고 몸을 막 흔들곤 해서 금방 알아차릴 수 있었어요. 중복 장애 친구들은 대체로 다양한 소리를 내기도 하고 특이한 몸동작을 하지만, 그 행위 자체가 의사 표현인 경우가 많아요. 기본 성품은 온순하고 순수하기 때문에 처음 이런 친구들을 만나게 되는 새로 온 직원들도 불과 한 달이 지나면 모두 친해져요.

그런데 그날따라 두 명 모두가 조용히 잘 따라 이동해서 다른 친구인가 싶어 비슷한 체형의 학생 이름을 부르며 참 잘한다며 칭찬을 해줬어요. 그러자 선생님이 가벼운 미소와 함께 아이들 이름을 바로잡아 줬어요. 옷 색깔이나 체형, 머리 모양 등으로 사람을 구분하는 습관이 있으니까 이런 일이 생기는 것이 하루 중에도 다반사에요. 솔직히 반갑게 인사해 주지 않았다면 그 선생님도 누구인지 몰랐을 거예요. 아마도 대충 비슷한 사람의 이름을 불렀겠지요.

어려서부터 이런 일은 많이 경험해서 아주 익숙하고 이제는 부끄럽지도 않아요. 어렸을 때 시골에 살 때는 5센티미터 앞에 있는 허수아비에게 인사하는 일도 많았어요. 사람 옷을 입히고 밀짚모자를 씌워 둔 모습에 동네 어르신으로 착각할 때가 많았죠. 친구들과 같이 있다가 그런 일이 생기면 참 민망하고 부끄러웠어요.

마트나 옷 가게에 가면 최절정의 퍼포먼스를 펼치게 되죠. 워낙 완벽에 가까운 가짜 사람들이 가게 입구를 지키고 있어서요. 요즘은 자세도 다양해서 진짜 판단하기 어려워요. 가게 점원인 줄 알고 인사는 물론이고 길을 물어본 적도 있어요. 대답 없는 그들로 인해 민망함을 달래고

자 내가 묻고 내가 답하면서 혼잣말하는 버릇이 생겼어요. 누군가 이런 나를 봤다면 얼마나 이상했을까요?

눈이 조금만 보이다 보니 새로운 사람을 만나고 응대하는 일에 상당한 부담과 불편함을 느껴요. 아니, 불편을 넘어 적잖은 스트레스가 되기도 하고 대인기피증이 오기도 했어요.

한창 예민했던 청소년기, 일반 중고등학교를 다녔던 나는 체육 시간에 여러 학급이 동시에 운동장에 있는 경우가 많았는데 조금이라도 운동장에 늦게 나가서 혼자가 되면 우리 반 모둠을 찾을 수가 없었어요. 더구나 남녀 학생 체육복이 같았기 때문에 실수로 여학생 학급으로 걸어가서 웃음거리가 된 적도 여러 번이에요.

사람을 구별하기 힘들다 보니 멀리서 걸어오는 사람이 누구인지 몰라 주저주저하다가 인사할 타이밍을 놓치는 경우도 많고요. 그래서 선생님, 선배, 동네 어른한테 인사를 하지 않고 지나치다가 버릇없는 아이라고 혼나곤 했지요. 지금이야 사정을 차분히 이야기하고 대처할 수 있지만 그 시절엔 왜 그렇게 용기가 나지 않고 부끄러웠는지 몰라요.

대학에 들어가고 어느 정도 용기가 생긴 후에는 사람을 처음 볼 때마다 내 소개와 함께 먼저 인사해 주시면 누구인지 알고 반갑게 인사드리겠다고 미리 얘기해 두곤 해요. 일종의 '김창수 사용 설명서'를 전하듯이요. 그렇게 해서라도 사회적 관계가 원만해질 수 있다면 번거로움은 문제가 되지 않아요.

현실적으로 세상의 규칙이 장애 없는 사람의 코드로 설계되어 있으니, 내가 적응하면서 살아갈 수밖에 없지요. 그런데 다른 한편으로 생각해 보면 나와 같은 장애인의 입장에서 세상의 규칙을 설계한다면 모두가 불편 없이 즐겁게 살아갈 수도 있지 않을까요?

이렇게 작은 창 같은 내 눈으로 보는 세상은 황당한 에피소드의 연속이지요. 그래서 나에게 가을하늘은 언제나 아름답고 가슴 시려요. 김

4부

선명하게

살아가기

가족의
정서적 지원이
필요한 저시력인

　　두 아들과 놀이터에서 신나게 뛰어다니며 놀았던 날이었습니다. 두 돌 정도로 보이는 아가가 놀이터를 천천히 걷는 모습이 눈에 들어왔습니다. 고개를 아래로 숙이고 눈동자를 이리저리 움직이며 천천히 보는 모습을 보니 저시력 아이였습니다. 시야가 아래만 남아 있는 것으로 보였지요. 엄마와 아빠로 보이는 젊은 부부가 놀이터 여기저기에 아이를 데리고 다니며 다치지 않게만 옆에서 지켜보고 있었습니다. 그 모습을 보면서 아이가 눈을 사용하여 주변 환경을 이해할 수 있도록 보살피고 있다는 생각이 들었습니다. 부부와 아가를 마음속으로 응원했습니다.

　　나는 저시력 아이들이 타인의 눈을 피하지 않고 신나게

놀이터에서 땀을 흘리며 놀았으면 합니다. 아이들은 놀면서 많은 걸 배울 수도, 스스로 알아갈 수도 있거든요. 해의 방향에 따라 어느 위치에서 눈을 사용하며 노는 것이 편안한지, 그늘진 곳 아니면 자연광이 있는 곳이 편한지 자신이 판단할 수 있지요. 눈이 부시면 그늘진 곳을 찾아 친구들도 같이 놀 수 있는 놀이를 만들어 내고 선글라스 쓰기가 불편하다면 모자를 써보면서 스스로 결정하며 자신의 눈 상태에 따라 세상에 적응해 나갈 수 있습니다.

친구들과 어울려 지내는 과정에서 저시력인 아이가 자신의 어려움을 인식하고 도움을 받을 것과 스스로 연습해야 하는 것 사이의 그 애매하고 모호한 선이 선명하게 보이는 순간이 올 것입니다. 이 보이지 않는 선은 감각 활용 훈련이 꾸준하게 이루어질수록, 또래와 어울림이 많을수록 잘 보입니다. 그래야 타인과 함께 있는 시간을 편히 받아들일 수 있을 테니까요. 친구들과 울고 웃으며 지내온 시간이 있어야 활기 있는 매력적인 어른으로 자라날 수 있습니다.

야외에서 눈이 부셔 눈을 제대로 뜨지 못하거나 또래보다 느리게 걷는 자녀의 모습에 부모의 마음이 무너져 야외 놀이를 포기하지 않았으면 합니다. 무엇이든 보고 느끼고 확인하는 지루한 시간을 묵묵히 지켜봐 주길 바랍니다. 동네 산책로의 꽃과 나무의 색도 느끼고 등산로의 거친 흙 또한 느낄 수 있게 지켜봐 주세요.

저시력 영유아의 부모에게

　몇 년 동안 꾸준하게 저시력 관련 연구를 하면서 학령기를 지나 성인기에 이르기까지 저시력인 스스로가 바라보는 자신의 모습이 부모의 심리 상태에 큰 영향을 받는다는 내용을 알게 되었습니다. 부모님들은 아이가 어릴 때 '눈이 나쁜 거 아무것도 아니야. 이겨낼 것이고, 이건 인생에서 아주 작은 걸림돌일 뿐이야'라고 생각하는 듯합니다. 그러나 많은 연구에서 그렇게 말하지 않습니다. 긍정적인 생각으로 보이지만 실제 시각의 불편함을 겪어보지 못한 부모님들의 잘못된 장애 해석입니다.

　먼저 심한 시각장애로 인해 표준 시력 검사에 접근하기 어려운 저시력 자녀(4~5세)를 둔 부모님의 반응에 관한 연구를 살펴보겠습니다.[13] 이 연구에서 일부 부모가 표준 시력검사를 수행하지 못할 정도로 시력이 좋지 않은 자녀의 시각장애 진단을 거부했다는 사례를 소개합니다. 또 다른 부모들은 시각장애에 대해 이해도, 공부도 하지 않으면서 저시력 자녀가 안경 없이도 생활할 수 있다고 생각하며 문제가 없다고 답변했습니다. 그러니 추가적인 시력검사를 받지 않아도 된다고 생각하더랍니다. 또 어떤 부모는 장애인에 대한 인식이 부정적이라며 자녀의 장애를 숨겼습니다. 교육적, 환경적 지원을 받지 않아도 잘 살아갈 수 있다고 생각하는 것이지요. 선진국이라는 영국의 연구 결과에서도 이런 문제가 발생했습니다.

이 연구에서 발견한 내용은 자녀가 비장애인으로 보이는 것을 중요하게 생각했다는 점입니다. 사회·정서적으로 건강한 가족의 형태를 타인에게 보이고 싶었는데 두꺼운 안경을 쓴 자녀의 모습이 그 이미지를 해치는 것이라 여긴 것이죠. 그렇게 시각장애가 있는 자녀가 어떠한 지원도 받지 못하게 차단되어 추후 본인의 장애 수용에도 부정적인 영향을 미치게 된 것으로 나타났습니다. 앞서 말했던 것처럼 저시력 장애가 '감추려 하고, 감춰지는 장애'이라는 정체성이 있다는 것을 보여준 연구이기도 합니다.

저시력 청소년의 부모에게

저시력 청소년의 연구에서도 장애 수용이 어려운 부모와 저시력 자녀의 관점에 차이가 있음을 알 수 있습니다.[14] 저시력인은 테이블의 컵의 위치는 알지만, 컵에 무엇이 들었는지 모를 때는 냄새를 맡아 확인합니다. 그러나 저시력 청소년이 그런 행동을 했을 때 부모는 시각장애인처럼 보인다며 사회생활에 문제가 있는 행동이라며 핀잔을 줍니다. 그래서 저시력 자녀는 모든 것이 조심스러워 행동을 명확하지도 분명하게도 할 수 없는 아이로 자라나게 되는 것이지요.

또한 진로에 대해서는 부모들은 취업의 기회조차 생기지 않을까 걱정합니다. 반면 저시력 청소년들은 학교와 가정에서 도움을 받았던 것이 없어졌을 때, 안정감을 느낄 수 있을까? 새로운 환경에서 적응할 수 있을까에 대한 고민을 합니다. 저시력 아이는 낯선 환경을 맞닥뜨릴 때 주변에서 생기는 일을 유추해야 하니 당연히 심리적으로 위축될 수밖에 없지요. 이러한 위축된 정서는 저시력이라 어쩔 수 없다고 단편적으로만 해석하는 것은 무책임합니다.

이럴 때 친한 친구나 부모님에게 스스럼없이 자신의 곤란함을 말할 수 있는 분위기가 형성되면 얼마나 좋을까요? '힘들겠다'라고 위로해 줄 수 있잖아요. 자신의 힘듦을 누군가는 알고 있어야 사회로부터 소외되지 않지요.

중고등학교 저시력 학생의 어려움

또 다른 저시력 청소년의 문제는 '학교 문화'입니다.[15] 저시력 청소년은 또래 친구와 교사가 자신의 시각장애를 인식하지 못하는 것에 대한 답답함을 호소했습니다. 그들은 실제 장애가 있는지에 대한 의문으로 저시력 청소년을 대합니다. 눈이 나쁘다고 하면서 안경은 왜 안 쓰는지, 시각장애인이라면서 학교에 혼자서 어떻게 걸어오는지, 사실 정안인은 이해하기 어려울 수 있겠죠. 이것이 1부에서 말한 '불편하지만, 불편하지 않은 장애'라는 것을 말하는 연구입니다.

게다가 저시력 청소년은 게으르다고, 의욕이 없다고 오해를 받습니다. 사실 시각장애가 있다 보니 주변 환경과 사물에 대해 천천히 탐색하고, 어떤 상황이며 앞에 무엇이 있는지 확신하는 과정이 오래 걸릴 뿐입니다. 저시력 청소년의 첫 사회인 학교에서 이러한 오해를 마주하며 지내고 있습니다. 자기 이해의 수준과 자존감이 낮아지는 이유가 됩니다.

정리하자면 저시력 장애를 부인하는 부모의 잘못된 장애인식으로 저시력 자녀가 받을 수 있는 지원을 받지 못하고, 이후 장애의 현실을 마주하게 되면 부모도 자녀도 장애를 올바르게 수용하지 못하게 됩니다. 부모는 걱정이 앞서 현재의 문제를 외면하게 되고, 그 결과 저시력 청소년은 사회에서도 장애에 대한 오해 속에서 다각적인 배제와 무시에 직면하게 됩니다.

사회적 지지가 필요한 저시력인

검색창에서 '저시력'으로 검색하자 나온 어느 커뮤니티에서 이런 글을 읽었습니다.

"나는 시각장애인인데 점자를 배운 적이 없다. 윈도우를 300퍼센트 확대한 모니터를 보면서 일하는데, 사람들은 내가 이렇게 해서라도 어느 정도 일을 해내니까 내 눈이 나쁜 걸 모른다. 나와 일하는 사람들이 나의 힘듦을 이해하려고 시도조차 안 한다. 정말 미칠 것 같은데 다들 어떻게 견디고 있는 걸까?"

이 글을 읽고, 저시력인이 삶에서 가장 큰 어려움이 되는 다섯 가지 사실을 찾았습니다. 첫째 큰 글자를 읽기 때문에 점자를 배울 생각을 못 하는 점, 둘째 시력에 맞는 보조공학기구 사용법을 배우지 못하는 점, 셋째 주변인의 저시력에 대한 이해 부족, 넷째 이런 상황에 도움을 요청하는 방법과 절차를 모른다는 점, 다섯째 사회 내에서 심리적인 갈등을 겪고 있다는 점입니다.

저시력과 관련된 많은 연구에서 시각적 결여를 보상하기 위해 다른 감각을 쓰면 높은 수준의 정보처리 과정을 겪게 된다고 설명합니다. 그래서 이러한 정보처리 과정과 정신적 노력에 늘 노출되는 저시력인은 그로 인한 높은 스트레스를 경험한다고 합니다.[16] 스트레스로 인하여 불안, 우울증과 같이 심리적 어려움이 사회적 상호작용에도 부정적인 영향을 미치는 것이지요.[17] 사회적 상호작용은 상대방의 표정과 몸짓을 이해하며 상황에 맞게 대처해야 합니다. 시각 장애로 인해 그 정보를 인식하는 것도 어렵고, 심리적 어려움은 상대방의 감정을 인지하는 데도 방해가 됩니다.[18]

저시력 장애에 대한 염려와 걱정, 무시 등 부정적인 이야기를 다른 방식으로 만들어 갈 수 있습니다. 저시력인이 어릴 적부터 장애에 대한 어려움을 인식하도록, 최선의 교육을 받을 수 있도록, 자기 삶에 도움이 될 지원 및 환경을 찾아내어 잘 준비된 성인이 될 수 있도록 이들을 향해 사회적 지지를 보내면 좋겠습니다. 신

내가 이래
용기가
있었나?

　'두 아들의 엄마'라는 역할은 나를 용감하게 만듭니다. 아이들은 삶에 필요한 에너지를 만드는 큰 힘을 주지요. 주눅 들어 말을 잘 못하는 엄마, 능력 없는 엄마로 인식되기 싫었습니다. 비록 부족한 엄마이지만 혹여 나로 인해 아이들이 곤란을 겪으면 안 되니까요. 아이들이 유치원에 들어가면서부터 적극적으로 '성격 개조'를 계획하고 실천했습니다. 자기관리를 하면서 여러 취미생활을 해왔지요. 수영, 헬스, 필라테스, 드럼과 기타, 일본어, 스포츠댄스 등을 배웠고 그 과정에서 많은 사람들을 만났습니다. 나를 다양한 환경에 노출하면서 적극적인 인간관계를 만들어 가려고 노력했습니다.

　초등학교부터 늘 학생회 임원을 하던 첫째가 중학교 3학년이 되었을 때 "저, 학급 실장 나가도 돼요?"라고 물었습니다. 아이가 실장이 되면 나는 실장 엄마가 되어야 했기에 나의 본능은 거부를 했지만, 그러라고 흔쾌히 말했습니다. 리더십도 인기도 많은 아이는 실장이 되었고, 나는 학생회 학부모 모임에 나가게 되었습니다.

학부모 모임은 정신적 에너지가 제일 많이 쓰였습니다. 학구열이 높은 학교라서 그런지 학부모 모임은 매우 엄숙하였습니다. 나를 포함한 2명만 직장인이었고 나머지는 전업주부였는데, 대표의 엄마가 진행하는 회의는 대기업 간부회를 연상케 하는 중압감이 느껴졌습니다. 어차피 매번 나갈 수 있는 상황도 아니라 회의 말미에 안건에 대한 의견과 함께 직장인이라 참석이 어려우니 단톡방을 통해 정보를 공유하겠다고 용기 있게 말했습니다.

그다음으로 학급 엄마들을 한자리에 모아 학부모 회의의 내용을 전달하고 엄마들의 친목을 도모하는 모임을 맡아야 했습니다. 학급 실장 엄마의 책무와 같았지요. 내게 익숙한 상가 식당을 모임 장소로 정하고 여러 번 가서 테이블의 구조, 사이드 음식과 물, 포크 등을 둔 코너를 알아두었습니다. 위치를 잘 알고 있어야 여차하면 내가 가져다줄 수 있기 때문이죠. 당연히 화장실의 위치도 미리 알아 두고요.

모임 당일 입구에 서서 엄마들을 맞이했습니다. "안녕하세요. 누구 엄마세요?"라고 물어보면 학생 이름을 대고 들어

가지만, 전혀 입력이 되지 않았습니다. 그렇게 다 모였을 때 희미하게 보이는 엄마들 앞에서 모임을 이끌어가다니, 너무나 큰 에너지가 필요했습니다. 그때 일을 생각하며 글을 쓰는 지금도 호흡이 살짝 가빠지는 느낌이네요.

가장 최근에는 '판소리'를 시작했습니다. 오래전부터 하고 싶었는데 우연한 기회에 국악 교실 강사님의 소개를 받아 시작했습니다. 선생님과 동문 수학생들 앞에서 판소리를 따라 하는 것부터 큰 용기가 필요했습니다. 그래도 매주 한 번씩 꾸준히 하니 소리도, 사람도 편해졌습니다.

배운 지 2년이 넘은 때부터는 대구 지역의 사람들과 판소리 모임을 정기적으로 갖게 되었습니다. 첫 모임에서 자기소개는 역시 어색하고 힘들었지만, 총무를 하라기에 마다하지 않고 용기를 냈습니다. 매월 정기 모임에서 번갈아 가며 자신이 배운 소리를 하는데요. 술 몇 잔으로 흥을 돋우며 소리를 했습니다. 술을 마실 수 있어 어찌나 다행인지요. 어느 날에는 약을 먹고 있어서 술을 마실 수가 없었습니다. 너무 긴장되었지만 그렇다고 안 하자니 너무 못나 보이는 거예요. 눈 질끈 감고 판소리를 했지요. 어찌나 긴장했던지 온몸에서 심장이 뛰는 것처럼 쿵쾅거렸습니다. 온전히 내 힘으로 해냈구나! 성취감이 느껴졌습니다.

이 경험 후로는 사람들 앞에 설 때 두려움이나 긴장감이 거의 없어졌다는 걸 알았습니다. 몇백 명이 모인 세미나에서 자청해서 마이크를 잡고 질문하기도 하고요. 대중 앞에 서야 하는 제안을 받았을 때도 마음의 부담이 덜해졌다는 느낌을 받았습니다. 두꺼운 껍데기를 깬 것일까요?

어릴 적에 나는 저시력으로 늘 주눅이 들어 있었고 자존 감이 낮았습니다. 그러다 시각장애 특수학교에 들어가면서 성격이 밝아졌고 특수교육과에 진학하면서 자아가 단단해 졌으며 시각장애 특수학교의 교사로 임용이 되면서 자신감 이 생겼습니다.

나는 제안이 들어오면 되도록 수용하려고 합니다. 그것 이 시간을 잡아먹고 경제적인 보답이 주어지지 않더라도 내 가 할 수 있고 의미 있는 일이면 해보도록 노력했지요. 예를 들어 누군가가 여행을 같이 가자고 하면 무조건 따라나섰습 니다(사실 혼자 여행할 용기는 없어서 먼저 여행하자면 너무 좋지요). 또 연구, 프로젝트, 집필을 권유하면 참여했습니다. 세월이 지 나고 보니 전부 나의 자산이 되었네요. 그 과정에서 사람들을 많이 알게 되고 친밀한 인연도 꽤 생겼습니다. 이런 인간관계 는 내 삶을 풍요롭게 해주었지요. 세상에는 얼마나 좋은 사 람들이 많고 의미 있는 일이 많을까요?

가만히 있으면 바뀌지 않습니다. 제안을 수용하지 않았 다면 나는 아마 계속 머무르고만 있었겠지요. 다른 사람의 시 선이 싫어서 취미생활을 하지 않고, 희미한 눈으로 하는 컴퓨 터 작업이 힘들어 집필이나 프로젝트 요청을 거부했다면, 지금 내 모습은 어땠을까요?

　잘하진 못해도 할 수 있는 게 많고 농담도 잘하고 잘 웃는 내게 가끔 만나는 사촌 오빠가 물어봅니다. "야, 향미가 이래 웃겼나?"

　사람이 가진 기운은 말하지 않더라도 느껴지고 전달됩니다. 그래서 건강한 자기 철학과 정신세계를 갖추는 것이 중요하지요. 가끔은 마음 밑바닥에 웅크려있던 불안감이 불쑥 올라올 때도 있습니다. 하지만 두 아들이 밝게 자라서 사회에서 역할을 다하고 자신의 삶을 주도적으로 꾸려가고 있는 모습을 보면서 '나는 아주 괜찮은 사람이야'라고 위안하고 칭찬합니다. 이런 마음을 갖게 용기를 북돋아 준 가족과 응원하는 친구들에게 감사의 마음을 전합니다. 차

실패가
탄생시킨
스타

2019년, 그해 우리 학교에는 큰 행사가 있었어요. '강원도 사립학교 교직원 체육대회'를 개최하게 된 것이지요. 우리 학교는 주관학교가 되어 연초부터 계획을 세우고 장소를 물색하고 식사 준비와 행사 운영 방법 등 준비할 것들이 아주 많았습니다.

학교 교직원 전부가 각자 역할을 나누어 맡아서 어느 정도 구색을 갖추어가고 있었어요. 교감 선생님이 하는 일이라 당연히 주어진 일이기는 했지만, 나는 「사학 윤리 강령」을 낭독하는 역할을 맡았습니다. 도내 사립학교 교직원 1,000여 명 이상의 많은 사람들 앞에서 낭독하는 일은 적잖은 부담이었어요. A4 용지 한 장을 가득 채운 「사학 윤리 강령」을 자연스럽게 낭독하려면 그 내용을 다 외워야 했어요. 고등학교 때 암기 실력으로는 아무것도 아니었지만 나이가 들어 암기력이 떨어지다 보니 완벽하게 외우는 데는 상당한 시간이 걸렸어요. 대중 앞에서 원고를 눈에 붙이고 읽고 싶지 않았어요. 정안인 교감 선생님들이야 원고를 아래에 두고 차분하게 보면서 낭독하면 되지만 나는 원고를 읽느라 얼굴이 가려지는 것은 용납할 수 없었어요. 물 흐르듯이 자연스럽게 낭독하겠다고 결심하고 틈틈이 외웠어요. 다행히 행사 일주일을 앞두고 원고 암기는 끝났어요.

행사 당일, 많은 사람들이 운동장에 집결하고 하나하나 순서대로 진행되고 있었어요. 어느덧 내 순서가 다가오고 연단으로 올라 마이크를 잡고 자신 있게 발표하기 시작했어요. 무리 없이 잘 진행이 되는가 싶더니, 갑자기 용어 하나가 생각나지 않는 거예요. 잠시 멈췄어요. 2초, 3초…. 용어가 도무지 떠오르지 않았어요. 순간 어디에서 나온 용기인지 모르지만 나는 "여러분! 처음부터 다시 하겠습니다."라고 말했어요.

아마도 그때야 내가 원고를 외워서 낭독한다는 사실을 사람들이 알게 된 것 같아요. 갑자기 박수 소리가 들리기 시작했어요. 걱정하며 웅성거리는 소리와 함께 박수 소리가 잦아들었고 사람들은 내가 무사히 낭독하기를 기도하듯이 조용해졌어요. 「사학 윤리 강령」을 처음부터 다시 큰 목소리로 발표하기 시작했어요. 무사히 발표를 마치자, 우뢰와 같은 박수가 쏟아졌어요. 당황스러운 얼굴을 감출 새도 없이 연단 아래로 내려왔고 박수 소리는 한참을 이어졌어요.

학교 교장선생님들과 법인 이사님들이 모인 연회장에서 많은 분이 나를 보며 악수를 청했어요. 나는 어디론가 숨고 싶은 심정이었는데 사람들의 반응은 의외였어요. 그 많은 내용을 어떻게 다 외웠느냐며 '감동이다', '존경한다', '훌륭하다' 등 몸 둘 바를 몰랐어요. 행사 중에 각 학교 텐트를 돌면서 인사할 때도 사람들의 찬사가 계속되었어요. 많은 사람의 관심과 찬사가 이어지면서 나는 갑자기 일약 스타가 되어 버렸어요. 세상에 실패하고도 유명인이 되다니 참 알다가도 모를 일이었어요. 김

점자를
배우면 유용한
저시력인

몇 년 전 한국 시각장애 교육·재활 학회에서 '저시력 초등학생이 글자 크기 50포인트로 확대된 자료로 수업에 참여한다'라는 내용이 회자한 적이 있습니다. 잘 보이지 않으니 확대된 자료를 제공하면 좋은 일이 아닌가라는 생각이 들 수 있지만 전문가들의 생각은 다릅니다.

저시력 학생에게 제공하는 확대 자료의 글자 크기는 보통 16~18포인트 이상, 최대 24포인트를 넘지 않도록 권장하고 있습니다. 명조체나 필기체의 장식적인 서체는 피하고, 고딕체와 굴림체를 추천하지요.[19] 24포인트가 넘어가는 글자는 내용을 많이 담기 어려우니 책이 커지고 쪽수가 늘어납니다. 이런 책은 학생들이 빠르게 읽을 수가 없습니다.

게다가 눈이 나쁘니 어쩔 수 없이 글자 크기를 크게 해야 한다는 생각은 저시력 학생에게 올바른 지침이 아닙니다.

중고등학교는 확대 자료로 공부할 수 있다 하더라도 대학과 사회에 나와서는 그 많은 문서를 어떻게 대처할 수 있을지 모르겠습니다. 요즘은 태블릿 피시로 확대해서 볼 수 있다지만 '눈의 피로도'가 올라갑니다. 저시력인은 눈과 관련된 질환에 예민하기 때문에 눈의 피로도는 중요한 문제입니다.

시각장애인용 문자

'점자'를 추천합니다. 점자는 손가락으로 더듬어 읽도록 만든 시각장애인용 문자입니다. 통계에서는 전체 시각장애인의 9.6퍼센트만이 점자를 사용하는 것으로 나타났습니다.[20] 점자는 정안인이 사용하는 글자와 다른 규칙이 적용됩니다. 그 규칙을 이해하는 과정이 번거롭고 어려운 것은 사실입니다. 게다가 점자책은 쉽게 찾을 수 없으니 진입 장벽이 높지요. 심리적인 장벽도 있습니다. 눈이 아예 안 보이는 것도 아닌데 왜 어려운 점자를 사용하게 만드냐며 부모님들은 받아들이기 어려워합니다.

점자 교육이 필요한 이유를 일본의 사례에서 찾아볼 수

있습니다. 일본에서는 확대 모니터, 확대 교과서, 확대경 등 다양한 지원으로 저시력 학생들이 글자를 볼 수 있게 했음에도 학습평가 성취도가 낮았습니다. 반대로 점자와 확대된 글자 모두를 사용하는 학생들은 학습평가에서 높은 성취를 나타냈지요. 눈으로 글자를 읽게 만드는 것만으로는 방법이 되지 못한 겁니다.

　점자는 학령기에 배워야 유리합니다. 성인이 되면 촉지각이 둔해져 배우기 어렵기 때문입니다. 어릴 때 발달할 수 있는 촉각으로 점자를 익히게 되면 많은 양의 글을 두렵거나 막막한 느낌 없이 가볍게 소화할 수 있습니다. 성인이 된 후에 점자를 배워서 사용할 수는 있지만 빠르게 읽는 것은 쉽지 않습니다. 그것이 점자를 사용하는 시각장애인이 적은 이유이기도 합니다. 지역의 시각장애인 복지관, 시각장애인 연합회, 시각장애 전담 교육지원센터 그리고 사회적 기업인 SK행복나눔센터 등에서 점자를 배울 수 있도록 지원하고 있습니다.

　아울러 구하기 어려운 점자책과 점자로 된 문서를 소리로 읽어주고 컴퓨터에 연결할 수도 있는 시각장애인용 노트북 '무지점자단

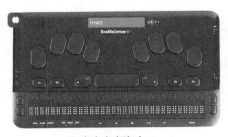

● 무지점자단말기(한소네)

말기'를 사용할 수 있습니다. 글씨를 읽을 수 있는 상황에서는 눈으로 읽고, 많은 양의 정보는 점자로 읽을 수 있도록 다양한 교육적인 기회를 제공해야 합니다. 점자는 학생의 학업 성취도와 더불어 삶의 질을 올릴 수 있습니다.

점자와 큰 글씨를 모두 사용하도록

나는 특수교육과 수업에서 '저시력 교육은 보지 못하는 환경에서도 계속해서 보도록 만들어주는 것이 핵심이자 교사의 목표'라고 말합니다. 보는 것을 멈추지 않아야 삶의 기본인 '배움'을 유지할 테니까요. 아이들이 각자 시력에 맞는 확대된 자료와 필요에 맞는 점자를 학습하도록 이끄는 것도 교사의 역할이라고 설명합니다. 많은 양의 글을 마주할 때마다 느끼는 불편한 감정이 학업을 포기하게 만드는 조건이 되지 않도록 말이에요.

나는 묵자와 점자, 두 가지 문자를 모두 사용하며 학습과 생활을 능숙하게 해내는 저시력인을 많이 보았습니다. 점자를 알게 됨으로써 새로운 일을 도전할 수 있는 무기를 하나 더 갖는 셈입니다. 점자 학습에 부정적인 마음을 거둬주세요. 신

나를
우아하게
만드는
점자

18살이 되던 해, 보이는 왼쪽 눈에 배구공을 맞아서 망막 박리 수술을 받은 후 안정을 위해 거의 1년을 누워있었습니다. 한쪽 눈밖에 보이지 않았기 때문에 그 한 눈 마저 실명이 되면 어쩌나 두려워서 엄마가 머리를 감겨 주실 정도로 조심하고 또 조심했습니다. 그렇게 누워 있는 동안 할 수 있는 게 없었습니다. 책 읽기를 좋아한 문학소녀였지만 눈의 안정을 위해서 라디오를 듣는 것이 전부였습니다.

시각장애 특수학교에 입학해야겠다고 생각하고는 '점자'를 배우기 시작했습니다. 한글처럼 점자도 배우기가 매우 쉬웠습니다. 6개의 점으로 자음과 모음을 만들고, 숫자와 문장부호, 영어도 점으로 표기할 수 있습니다. 'ㄱ은 4점', 'ㄴ은

14점'과 같이 자음과 모음에 해당하는 점형의 숫자를 외우면 되는데, 문제는 작은 점형을 손가락 끝의 감각으로 구별하는 것입니다.

누워있는 동안 할 일이 없었던 내게 점자 읽기는 무척 재미난 소일거리였습니다. 내가 입학한 시절의 시각장애 특수학교에서는 저시력 학생에게도 점자교과서만 제공되었던 터라 그렇게 배워둔 점자는 학교생활에 큰 도움이 되었지요.

시각장애 특수학교 학생 중 저시력 학생이 점점 많아지고 있습니다. 내가 학생으로 입학했던 시절에는 30퍼센트 정도가 저시력이었는데, 2010년대에는 반대로 30퍼센트가 전맹이라는 통계가 나왔습니다. 학생들이 책상에 코를 박듯이 가까이서 책을 읽는 모습을 보면서 점자를 배우라고, 동료 교사에게도 점자를 가르쳐야 한다고 강조합니다. 그러나 점자는 전맹이 배우는 것이지 자신의 자녀는 보이기 때문에 안 배워도 된다며 학부모들이 좋아하지 않는다고 했습니다. 그래도 기회가 있을 때마다 점자의 필요성을 강조하고 설득하지만, 당장 보는 데 불편함이 없으니 학생들도 점자를 배우려고 하지 않습니다.

저시력인 대부분은 책을 매우 가까운 거리에서 보거나 확대 독서기 같은 보조공학기기를 사용하기 때문에 긴 시간 동안 책 읽기가 힘듭니다. 학령기에 이런 불편함이 있으면 학습량이 부족하게 되고 학습 능력도 떨어지게 되지요. 점자를 배워서 편하게 학습량을 소화했더라면 상위의 대학에 진학했을 수도 있었을 텐데, 안타까운 생각이 드는 학생도 있었습니다.

성인이 된 후 시각장애인이 된 사람이 익히기에 특히 어려운 것이 점자입니다. 점자를 배우는 것 자체는 간단하지만 빨리 읽는 것은 쉽지가 않습니다. 그래서 보통 소리로 책을 듣는 성인 시각장애인이 많은데, 방학 동안 대하소설을 점자로 다 읽었다며 자랑스러워하던 50대 초반의 학생이 있었습니다. 손끝의 감각만으로 점자를 읽는 건 생각보다 잘 되지 않고 속도가 잘 나진 않아 좌절하기 쉽습니다만 그 학생의 사례를 보며 도전해 보기를 바랍니다.

일상에서 점자는 나를 훨씬 편하게 해줍니다. 엘리베이터에서 버튼에 표기된 숫자를 눈으로 보고 누르려면 고개를 숙여 버튼에 다가가야 하지만, 나는 버튼에 돌출된 점형을 순식간에 촉지하고 누릅니다. 코에 닿듯 가까이 보며 버튼을 누른다면 엘리베이터에 탄 다른 사람들이 나를 이상하게 쳐다봤겠지요?

교회 성가대원으로서 성가곡의 멜로디는 익힐 때까지 반복해서 듣고 가사는 점자로 봅니다. 찬송가의 작은 글씨는 보기도 힘들지만, 만약 점자를 몰랐다면 악보로 눈앞에 가져와 얼굴을 가리고 노래를 불렀겠지요. 그렇지만 나는 점자 악보를 손에 들고 우아하게 노래 부릅니다.

그리고 밤에 잠이 잘 오지 않으면 베개 옆에 놓인 점자 성경책을 배 위에 올려놓고 읽습니다. 불을 켤 필요도 없이, 누워서 책을 읽는 게 얼마나 편한지 상상이 되나요? 차

점 자 일 람 표

● 점자 일람표

점자,
또 하나의
보험

　나이가 들어가면서 가입한 보험의 개수도 같이 늘어
납니다. 여기저기 아픈 데도 많아지고 노년에 대한 두려움
도 쌓이다 보니 보험회사 상담원의 전화가 모두 내 미래를
이야기하는 것 같아 귀가 솔깃해지고 끝내 가입하고는 맙
니다. 보험에 가입해 두면 마음이 든든하고, 자식의 부담
을 덜어주는 것 같은 위안이 되지요. 아마 보험을 드는 마
음은 거의 다 비슷할 거예요. 이렇게 저시력인에게는 점자
가 보험과 같다고 생각해요.
　내가 정작 점자를 접한 것은 대학에 입학하여 시각장
애 동료들을 만나고부터였어요. 그들이 사용하는 점자를
처음 접하고 나서 글자를 가까이 눈에 대고 보지 않아도

된다는 사실에 많이 놀랐죠. 그러나 정작 손으로 만져보아도 아무런 느낌도 없어서 '이걸 과연 내가 배울 수 있을까?', '배운다 한들 내가 사용할 수 있을까?' 하는 두려움이 앞섰던 것도 사실이에요. 그러다가 그 당시 월간으로 발행되던「점자새소식」이라는 책을 손에 잡고 책 맨 뒤에 있는 점자 일람표를 대조해 가면서 한 자 한 자 읽어보았어요. 조금씩 노력하다 보니 어느새 읽어지기 시작했고 나름대로 재미도 있었어요. 점자를 읽게 되자, 밤에 불을 켜지 않고도 책을 읽을 수가 있고 버스를 타고 가면서도 책을 읽을 수 있으니 그때의 기쁨은 말로 다 표현할 수가 없었지요. 왠지 모를 자신감이 솟으면서 대학 공부에 대한 두려움이 사라지고 무엇이든 노력하면 이룰 수 있다는 용기가 생겼어요.

보험은 당장 비용이 아까운 생각이 들지만, 막상 사고가 생겼을 때 보상을 받게 되니 다행스럽고 미리 가입한 나를 칭찬하게 되잖아요. 저시력인에게 점자를 배운다는 건 좋은 보험에 가입한 것처럼 미래를 용기 있게 헤쳐 나가게 만드는 든든한 대안이라고 생각해요.

그래서 나는 교직원 회의에서 발표할 자료를 점자 인쇄물로 작성해 두고 여러 사람 앞에서 발표 자료를 눈앞에 딱 붙이고 읽지 않아도 된다는 마음에 편안하게 잠자리에 들어요. 김

보행 교육이
필요한
저시력인

　눈이 소복소복 쌓이는 날이나 비가 세차게 오는 날이 되면 시각장애인은 어떤 하루를 보내게 될지 걱정이 됩니다. 이런 날씨에는 방향을 제대로 알기 어렵고 길이 미끄러워 넘어지는 경우가 많이 발생하거든요.

　시각장애인에게 '보행'은 목적지에 독립적이고 안전하고 효율적이며 품위 있게 도달하는 행위를 말합니다. 이것은 혼자 터득하는 개념이 아니라 제대로 된 교육을 꾸준히 받으면서 완성되는 것입니다. 시각장애인의 보행은 다음과 같습니다.

　먼저 '안내 보행'은 시각장애인이 안내인의 팔꿈치를 잡고 보행하는 것입니다. 맹 시각장애인뿐 아니라 저시력

● 시각장애인의 반 보앞에 서서 팔꿈치 윗부분을 잡도록 해주세요.
안내하는 팔은 오른쪽이든 왼쪽이든 무방합니다.

인도 복잡하고 사람이 많은 곳에서는 안내 보행이 필요합니다. 안내 보행 시 안내인의 움직이는 방향과 발걸음을 따라가니 안전하지만, 의존도가 높아지는 단점이 있습니다.

'흰지팡이 보행'은 시각장애인의 대표적인 독립 보행을 말합니다. 흰지팡이는 휴대가 간편하고 독립적으로 시각장애인이 이동할 수 있는 장점이 있지만, 처음 가보는 곳에서는 어려움을 겪을 수 있습니다. 아직 국내에는 상용화되지 않았지만, 주변의 환경을 알려주면서 자율주행과 같이 목적지로 안내하는 'AI 흰지팡이'가 개발되었습니다.[21] 국내에서도 사용할 날이 오기를 기대합니다.

다음으로 '안내견 보행'이 있습니다. 얼마 전 안내견을 가진 친구와 함께 지하철을 탔는데요. 안내견이 방해될까

흰지팡이 보행과 안내견

하네스: 시각장애인과 안내견이 서로 움직임을 전달하고 안전하게 보행할 수 있도록 설계된 가죽장구를 말하며 안내견이 보행 중에 착용하게 됩니다.

장애인 보조견 표지: 장애인 보조견임을 증명하는 것으로 대중교통 수단에 탑승하거나 공공장소 및 숙박시설, 식당 등 여러 사람이 다니거나 모이는 곳에 출입할 수 있도록 도와줍니다.

안내견 인식 목줄: 안내견학교의 이름과 전화번호가 기재되어 있어 비상상황이나 급한 연락이 필요할 때는 표시된 연락처로 연락이 가능합니다.

안내견 옷(조끼): 훈련 또는 활동 중인 안내견은 노란색(형광) 옷을 착용하여 1년 미만의 훈련 중인 안내견 후보 강아지들은 주황 색 옷을 착용합니다.

● (그림 출처: 삼성화재 안내견학교)

아는 척하지 않으려고 애를 쓰는 사람들이 고마웠습니다. 이제 안내견에 대한 인식이 많이 생긴 것 같아요. 그렇지만 안내견을 사용하는 인구는 그리 많지 않습니다. 안내견을 관리하는 것이 생각보다 꽤 까다롭기 때문에요. 식사와 배변을 챙길 수 있고 보호할 수 있는 성인에게만 보급이 됩니다. 물론 개를 좋아해야 하지요. 사실 강아지 선호하지 않는다면 안내견을 이용하지 않겠지요.

보행에 어려움이 있는 저시력인

저시력인도 맹 시각장애인처럼 보행에 어려움을 겪습니다. 보행을 위해 사물이나 장애물을 인식하는 데 필요한 시력도 문제이고, 시야에 문제가 있을 때는 도출된 물체, 계단, 지면의 변화, 낙하지점 등 장애물 전체나 부분을 제대로 알지 못해 충돌하거나 다칠 수 있기 때문이지요. 신호등의 색이나 차량의 흐름을 확인하는 데에도 어려움 있어 도로를 횡단할 때 사고의 위험이 있고요. 그리고 실내와 실외를 드나들 때 조도의 차이로 인해 눈부심이 심해져 앞이 갑자기 안 보일 수도 있습니다.[22] 이렇듯 저시력인에게 보행은 굉장히 중요한 문제인데도 터부시하는 경향이 있습니다.

저시력인은 조금 보이니까, 혼자 걸을 수 있으니까 하

고 생각하다 실수를 한 적이 있습니다. 저시력인 지인과 길을 가다가 택시를 잡고, 택시 문을 열기 위해 걷는 중이었습니다. 길이 복잡하지 않아 안내 보행을 하지 않았어요. 그런데 마침 큰 웅덩이에 물이 가득 차 있다는 것은 너무 늦게 알아버렸습니다. 저는 반사적으로 피했지만, 지인은 신발 한쪽이 발목까지 완전히 젖어버렸지요. 여러 번 죄송하다고 사과했지만 그분은 하루가 얼마나 불편했을까요?

또 다른 어느 날, 사람이 많은 놀이공원에서 왼쪽에는 맹 시각장애인, 오른쪽에는 저시력인과 함께 길을 가던 중이었어요. 그럴 땐 아무래도 맹 시각장애인에게 더 집중하게 되는데요. 미처 신경을 못 쓴 사이에 오른쪽의 저시력인이 가던 쪽에 장애물이 있어 크게 넘어졌어요. 괜찮다고 하셨지만 얼마나 아파하는지 눈에 다 보여서 너무나 죄송했어요.

보행 교육이 필요한 이유

일반 학교에서 저시력 지원을 거의 받지 못하고 대학에 진학한 특수교육과 학생들도 자주 이야기하는 것이 '보행'에 관련된 것이에요. 시각장애 특수학교의 '자립생활'이라는 선택 교육과정 안에서 '보행 교육'을 받습니다. 그래서 시각장애 특수학교 출신의 시각장애인은 흰지팡이를 사용하거나 안내견을 데리고 대학 캠퍼스에 익숙해지려고 노력할 수 있습니다. 하지만 보행 교육을 한 번도 받지 않는 학생은 시력의 상태에 따라 시도조차 못 하는 경우가 있습니다. 그러면 늘 '안내 보행'으로 도움을 받아야 하지요. 사실 안내 보행에 대해서도 대학에서 처음 배우는 저시력 학생이 많았습니다. 대학의 장애학생지원센터에서는 봉사하는 학생과 매칭하여 장애 학생의 이동에 도움을 주지만 사실 성인이 된 학생이 도움을 요청하기가 그리 쉬운 일은 아니지요.

저시력 학생들은 "새로운 곳을 갈 때, 사실 머뭇거려요. 단톡방에서 친구들이 어디에서 보자고 할 때, 나도 '거기로 갈게'라고 답하기 어려워요. 누군가가 센스 있게' 나랑 같이 가자'라고 말할 때까지 기다리기도 하지요. 특히 복잡한 이면도로나 밤이면 더 그래요. 저는 혼자 다닐 수 있지만, 혼자 다닐 수 없어요."라고 말하기도 합니다.

'보행'은 시각장애인의 생활 전반에 걸쳐 삶의 질을 좌우하는 중요한 요소입니다. 사람들과 어울리고 싶을 때 누군가의 도움 없이 스스로 안전하게 목적지까지 이동할 수 있도록 훈련이 당연히 필요한 것 아닐까요? 늘 지나는 길이어도 바닥에 널브러져 있는 전동 킥보드를 발견하지 못해 넘어지거나 공사 중인 곳에 갑자기 생긴 웅덩이를 발견하지 못해 넘어질 수 있습니다. 주변 환경을 유추하고 목적지의 경로와 길 위에 알 수 없는 장애물까지 확인할 수 있어야 독립적인 보행이 됩니다.

흰지팡이를 보는 시선

시각장애인의 대표적인 보행 도구인 '흰지팡이'를 사용해서 안전하게 보행할 수 있게 만드는 것만이 보행 교육의 목적이 아닙니다. 사실 흰지팡이를 소유한다는 건 시각장애인임을 알리며 주변의 도움을 받을 수 있기 때문입니다.

최근 흰지팡이를 사용하게 된 저시력 지인이 웃으며 재미있는 자신의 상황을 전했습니다.

"흰지팡이 원래는 안 썼는데, 정말 도움이 되는 것 같아. 사람이 많은 곳에서 딱딱 소리를 내며 걸어가니까 홍해 갈라지듯이 사람들이 갈라지더라고. 일단 내가 안 넘어지고 부딪치지 않게 만들어주는 게 있더라. 그런데 어느 날 약국에 갔더니 삼천 원짜리 마스크를 그냥 주는 거야."

흰지팡이를 바라보는 세상의 시선이 분명하게 드러난 이야기였습니다. 흰지팡이를 본 사람들은 안전하게 걸어가기를 바라며 길을 비켜주는 도움을 주지만 반대로 무조건 도움을 받아야 마땅한 사람이라는 적선하는 듯한 태도를 동시에 보이지요. 이 에피소드처럼 사회의 부정적 시선 때문에 많은 시각장애인이 흰지팡이 보행을 엄두 내기도 어렵게 합니다. 시행착오를 많이 거쳐야 제대로 된 흰지팡이 보행을 하는데 말이죠.

안내 보행이나 흰지팡이 보행 등 보행 교육은 자신의 삶에 꼭 필요한 교육이므로 많은 저시력인이 교육기관에 등록하여 제대로 된 보행 교육을 받아서 비나 눈이 오더라도 안전하게 목적지에 갈 수 있었으면 합니다. 신

아찔한
순간들

잘 보이는 것도 보이지 않는 것도 아닌 저시력인의 단독 보행은 생각보다 생각해야 할 것이 많습니다. 길바닥의 돌출과 꺼짐은 없는지, 인도를 가로막는 장애물은 없는지, 가로수와 신호등 기둥 사이에 현수막은 없는지, 건물에서 인도 쪽으로 튀어나온 무언가는 없는지, 내가 가고 있는 방향이 맞는지 등입니다.

별생각 없이 걷다가 갑자기 푹 꺼지는 충격으로 허리에 통증이 가기도 하고, 주정차를 막느라 내어놓은 폐타이어에 걸려 넘어질 뻔하기도 하고, 볼라드에 부딪히는 것은 부지기수입니다. 횡단보도를 직선 횡단하지 않고 사선 횡단하면서 신호등 기둥과 가로수 사이로 올라서다가 그사이에 걸어놓은 현수막 줄에 목이 걸리기도 하고, 열어놓은 상가의 유리 출입문을 미처 못 보고 '딩!'하고 이마가 부딪히기도 합니다.

이러한 상황은 그동안 쌓인 경험으로 예측이 되어 조심조심 다니기 때문에 사고가 날 확률이 줄었습니다. 그러나 돌발 상황은 언제든 일어날 수 있고 순간순간 아찔할 때가 많지요.

동네마다 호수나 강 주변에는 데크길이 조성되어 있지요. 군데군데 벤치나 포토존을 두어 사람들이 머물 수도 있고요. 어느 날 지인과 강변의 데크길을 걷다가 "와, 경치 좋다."라는 말과 함께 지인이 난간 쪽으로 이동했습니다. 나도 몇 걸음 더 난간 쪽으로 천천히 이동하려다 순간 급하게 멈춰 섰습니다. 알고 보니 한 걸음만 더 가면 그대로 허리높이 정도 떨어지는 곳이었습니다. 내가 딛고 있는 데크의 끝에 노란색 선 표시가 되어 있지 않아서 그 아래와 전혀 구별되지 않았습니다. 나를 배려하여 경치의 이모저모를 설명하고 있던 지인은 내 상황은 몰랐던 겁니다. 나만 속으로 순간의 아찔함을 쓸어내리는 것이지요.

세상이 워낙 바쁘게 바뀌기도 하고 저시력인은 같은 상황에서도 조도나 눈의 컨디션에 따라 시지각이 달라지니, 사람들은 어느 정도 주변 환경에 대한 정보를 알려줘야 하는지 모릅니다. 나 또한 어느 정도 알려달라고 부탁해야 할지 잘 모르겠고요. 저시력인의 애매모호한 삶이란 정말 끝이 없는 것 같습니다.

　미국 같은 교육 선진국에서는 보행 교육을 연령과 상황에 따라 맞춤형으로 진행하고 저시력인들도 보행에 직접적으로 사용하지는 않더라도 흰지팡이를 지니도록 교육하고 있습니다. 흰지팡이를 짧게 해서 몸을 대각선으로 가로지르는 모양으로 들고 다니다가 시각적으로는 환경 정보를 명확히 알 수 없을 때 순발력 있게 흰지팡이를 사용하게끔 하는 것이죠.

　우리나라는 아직 보행 교육이 체계적으로 이루어지지 않고 있습니다. 게다가 흰지팡이 사용으로 장애가 노출되는 것을 꺼립니다. 특히 저시력인은 흰지팡이가 없다고 걷지 못하는 게 아니니, 더더욱 흰지팡이 보행에 대한 필요성을 인식하기가 어려운 것 같습니다.

　모든 것이 그렇겠지만, 흰지팡이 사용도 '인식'의 문제라 봅니다. 시각에 불편함이 있는 사람이 보행에 도움을 얻는 하나의 수단으로 흰지팡이를 인식할 수 있도록 우리나라도 보편적이고 체계적인 보행 교육이 속히 이루어지기를 바랍니다. 차

팔자걸음

어려서부터 '팔자걸음'을 걷는다는 소리를 많이 들었어요. 다리가 아프냐, 양반 흉내 내느냐는 소리도 들었지요. 사람들이 놀릴 때마다 내가 왜 팔자걸음을 걷는지도 모르고 어색한 내 걸음걸이로 소심해지기만 했어요. 자세를 바꿔보려고 애도 써봤지만, 친구들을 따라 걷고 뛰고 하다 보면 또다시 그 팔자걸음이 나오곤 했어요.

세월이 지나 내 걸음걸이를 살펴보니 시력이 불편해서 내 몸을 보호하려고 나온 본능적인 자세였어요. 주로 왼쪽 눈에 의존해서 걷기 때문에 몸이 한쪽으로 틀어지다 보니 넘어지지 않으려고 다리를 벌려서 걷는 것이었어요. 그래서 팔자걸음이 된 거예요. 그 후로는 자세를 바로 잡아보려고 애를 썼지만 이미 틀어진 척추와 자세는 쉽게 되돌아오지 않았어요. 아마 많은 저시력인이 걸음걸이로 인해서 적잖은 스트레스를 받으며 살아가고 있을 거예요.

나는 일반 학교에서 교육을 받아왔기 때문에 나의 보행 자세에 대해서 특별히 신경 쓰는 사람이 없었어요. 시각장애 특수학교 현장을 돌아보아도 맹 시각장애인 학생을 위한 흰지팡이 교육에 초점을 맞추고 있을 뿐 저시력 학생들의 바른 자세에 대해서는 크게 신경 쓰지 않은 것이 현실이에요.

요즘도 자세를 바르게 하려고 애써 보고 있지만, 습관을 고치기가 참 힘들어요. 그래도 팔자걸음보다는 일자 걸음이 건강에도 좋고 보기에도 좋으니까 계속 노력해야 할 것 같아요. 허리뼈며 목뼈 어디 하나 아프지 않은 곳 없네요. 걸음걸이부터 조금씩 바꾸다 보면 건강도 좋아지지 않을까 생각해요. 보이는 것도 예쁘면 좋지만 건강하게 잘 살기 위해서라도 저시력인에게 어릴 때부터 바른 보행 자세를 가르치는 것은 참 중요하다고 생각해요.

시각장애인의 보행 교육과 관련해서 제일 안전한 보행은 '안내 보행'이겠지요. 나는 안내 보행을 받아본 경험이 많지 않아요. 기차를 이용하기 위해 코레일 측에 요청해서 안내를 받은 적은 있어요. 왠지 어색한 느낌이 들었지만 마음은 편안했어요. 혼자서 어느 차를 어디서 타야 하는지 몰라 허둥지둥 할 일도 없고 마음 편히 내 자리에 앉을 수 있으니, 안내 보행을 적절히 활용하는 것도 중요한 것 같아요.

저시력인 혼자서 보행할 때, 위험한 점이 몇 가지 있어요. 우선 횡단보도 건널 때 주의해야 해요. 저시력인은 대낮에 신호등 불빛을 구분해 걷기는 사실상 불가능해요. 그나마 밤에는 불빛이 선명해 구분할 수 있지요. 가능하면 음성 신호 단추가 있는지 살펴보고 그걸 먼저 누르고 마음 편히 기다리는 경우가 많습니다. 그러나 생각보다 음성 신호가 갖추어지지 않거나 고장 난 경우도 많아 상황에 맞는 대처 방법을 생각해 냈어요. 주로 차량의 흐름을 보고 신호의 변화를 파악하는 것으로, 신호가 끝나서 차량이 멈추면 녹색불이 켜진다는 것을 알고 활용해요. 가능한 한 다른 사람들이 건너는 것을 확인하고 난 후에 걷고, 아무도 없는 경우라면 차량 흐름이 완전히 멈춘 것을 확인한 후 걸음을 옮겨요. 처음부터 서서 신호 변화를 확인한 경우가 아니라면 중간에 급하게 건너기보다 한 차례 순환을 기다리고 나서 이동하는 방법으로 안전하게 건너려고 하지요.

다행스럽게도 요즘은 횡단보도 바닥에 신호 불빛이 들어오는 '바닥 신호등'이 있어서 구별하기 쉬운 편이라 좋아요. 그렇지 않다면 시각장애인에게 배부하는 '음성 신호 작동 리모컨'을 가지고 다니거나 손이 닿는 위치에 설치되어 있는 신호등의 음성신호 버튼을 눌러두고 음성이 나올 때 건너는 것이 가장 안전한 방법이지요.

저시력인으로서 길을 걸을 때 또 다른 위험은 소리 없이 다가오는 자전거에요. 멀리서 아주 키 큰 사람이 걸어오는 것 같았는데 어느새 내 앞에 있으면 당황하지요. 그나마 자전거에 불빛이나 야광 표시를 해둔 경우라면 다행이지만 그렇지 않으면 아주 많이 놀라요. 어릴 적에는 다리 사이에 자전거 앞바퀴가 낀 적도 있어요.

그뿐 아니에요. 요즘 자주 보는 전기 자동차는 후진할 때 소리 없이 다가오기 때문에 당황스러울 때가 많아요. 그래서 주차된 자동차라도 가능한 한 멀리 떨어져서 차가 이동하는지를 잘 살피면서 길을 걸어가고 있어요.

세상 변해가는 속도가 너무 빨라서 '내 몸 하나 지키면서 안전하게 살아가기가 이렇게 힘들구나!' 하는 생각을 해요. 김

안마와
저시력과
직업

    시각장애인을 알게 되면서 가장 신기했던 것은 '안마'를 학교에서 배운다는 것이었습니다. 실제 머리가 아프거나 피곤하면 머리에 스스로 침을 꽂는 저시력인도 있습니다. 학교에서 배웠기 때문에 침을 맞으면 시원하다고요. 급체하거나 컨디션이 많이 떨어질 때 시각장애인이 옆에 있다면 나는 바로 요청합니다. "저 체했어요." 팔과 어깨를 충분히 주물러주시면 금방 괜찮아질 때가 많았습니다.

    시각장애 특수학교는 다른 의미로 '직업학교'인 것 같습니다. 교육과정에 안마사를 양성하는 과정이 있습니다. 특수교육 전문 교과로 이 과정과 관련된 모든 과목을 '이료'라고 말합니다. 이 과목은 고등학교 혹은 전공과에서 배웁니다. 이료 안에는 해부·생리, 병리, 이료보건, 안마·마사지·지압, 전기치료, 한방, 침구, 이료 임상, 진단, 이료실기실습 10개의 과목이 있습니다. 이 과정은 3년제 '이료전문학사'과정을 운영하는 몇몇 시각장애 특수학교에서 전문적으로 배울 수 있습니다. 그리고 안마사는 2,000시간의 교육을 받아야 합니다. 인체를 다루기 때문에 그렇지요. 중도 실명한 성인과 저시력으로 새로운 직업을 찾기 위하여 시각장애 특수학교에 입학하는 성인도 많습니다.

시각장애인의 직업교육

우리나라에 일제 강점기인 1913년 '제생원 맹아부'라는 시각장애 교육기관이 설치되었습니다. 현재 '국립 서울맹학교'입니다. 일본에서 먼저 이루어진 시각장애 교육과 직업교육을 답습하여 그대로 신식교육 체계의 특수교육이 이루어진 것이지요. 당시 일본에서도 시각장애인에게 직업교육으로 안마를 가르쳤기 때문에 국내에서도 그 교육과정 그대로 안마사 직업 교육을 실시하게 되었습니다. 우리나라는 현재 시각장애 특수학교 및 대한안마사협회 부설 수련원에서 국가 공인 안마사 자격증을 취득할 수 있습니다.
　시각장애 특수학교의 안마 실습실에는 침대가 놓여있

고 인체 모형, 뜸 도구, 안마와 관련된 용품이 잘 정비되어 있습니다. 학생들은 서로 번갈아 안마사와 이용자가 되어 실습을 진행하며 안마사로서의 역량을 키워나갑니다. 이후 안마원을 개원한다거나 안마사로 취업하는 것, 기업에서 직원복지개념으로 안마를 회사에서 받을 수 있는 '헬스키퍼'로 채용되기도 합니다.

나도 집 근처에 있는 시각장애인 안마 센터에 주기적으로 방문합니다. 내가 시각장애 교육을 전공했다고 밝히면 다들 너무 반가워합니다. 먼저 요청하지 않아도 그분들은 시각장애 특수학교에 가게 된 계기와 지금 상황에 대해 말해주지요. 어느 안마사분은 어릴 때부터 저시력이라 눈으로 보는 것은 힘들겠다 싶어 피부미용을 배웠다고 했습니다. 그리고 성인이 되어 시각장애 특수학교의 존재를 알고 2년간 전공과에서 안마를 배워서 창업하게 되었다고 했어요. 70년대생으로 시각장애 지원 그리고 보조공학이 발전하지 않았을 무렵, 대학 진학을 하지 못한 저시력 여성이 본인의 능력에 맞는 직업에 대해 얼마나 많이 고민했을까 싶었습니다.

실제 서울맹학교의 졸업생 현황을 살펴보면 가장 높은 비율로 안마사를 직업으로 선택했음을 알 수 있습니다.[23] 별다른 시각장애인의 직업 교육의 대안이 없기 때문입니다. 다양한 직업교육이 이루어지지 못하기에 사실 다른 영역의 직업을 갖기 위해서 어려운 점도 있습니다.

내가 아는 저시력인의 직업은 매우 다양합니다. 회사원, 공무원, 변호사, 교수, 교사, 연주자, 사업가 등 다양한 직군에서 일하고 있지요. 20만 명이 넘어가는 저시력인과 숨겨져 있는 저시력인 모두 어떤 직업을 가지고 있을까요? 직업과 관련하여 고군분투하면서 자신의 역할을 잘 해나가는 그들을 응원합니다. 신

자립을 돕는
전문 직업,
안마사

우리나라는 시각장애 특수학교의 고등학교 과정이나 전공과에서 이료 교육을 받고 졸업하면 무 검정으로 '안마사' 자격증이 나옵니다. 시각장애 특수학교에서 직업교육으로 안마사 양성과정이라 할 수 있는 '이료 교육'을 실시한 것은 일제 강점기부터이니 역사가 오래되었지요.

대구대학교 중등 특수교육과에 입학한 나는 교과 전공으로 국어를 선택했기 때문에 시각장애 특수학교에서 국어를 가르칠 수도 있고, '안마사' 자격증이 있으므로 이료 교사도 할 수 있었습니다. 대학을 졸업하던 해에 모교에 이료 교사로 임용되어 지금까지 시각장애 학생의 직업교육을 맡고 있습니다.

대학에서 이료 교사 양성 과정이 없던 우리나라는 오랫동안 안마사 자격을 가진 특수교사가 담당해 왔고, 1997년에서야 이료 교사 부전공 자격 연수를 실시하여 처음으로 '이료 교사'라는 자격이 생겼습니다. 그래서 나는 이료 교사로 임용된 지 십여 년이 지난 2007년에 이료 교사 자격 부전공 연수를 받았습니다.

이료 교육 과정에서는 인체에 관한 동서양의 기초의학을 공부합니다. 소위 '인체의 신비'라고 할 만큼 해부학 하나만 해도 범위가 무궁무진한데, 한의학의 기초학문인 한방 등 10개 교과의 수업 연구는 굉장히 힘들었습니다. 그것을 가르치기 위해 스스로 공부하며 수업 준비를 하다 보니, 한 시간 수업에 서너 시간 공부는 기본이었습니다. 학생의 질문에 대해 몰라서 답을 못하면 어쩌나 하는 걱정은 경력이 더해가도 계속되었습니다. 지금은 어느 정도 부담은 줄었지만 기초의학 공부는 교직 30년을 넘어서는 시점에도 여전히 하고 있습니다.

전체 시각장애 인구 중에는 선천적 시각장애인보다 후천적으로, 특히 성인이 된 후 시각장애인이 된 경우가 월등히 많습니다. 성인이 되어서 시각장애인이 되면 정신적, 신체적, 경제적으로 큰 어려움을 겪습니다. 직장도 잃고 살아가는 것 자체가 막막해지지요. 그래서 다시 직장을 얻기 위해 가장 많이 찾는 곳이 시각장애 특수학교에서 이루어지는 '안마사 양성

과정'입니다. 직업교육을 충실히 받아 안마사라는 직업생활을 영위하게 된 제자들이 스승의 날이 되면 인사를 하러 학교에 찾아 오기도 한답니다.

오랫동안 이료 교육을 하면서 꼭 지도해야 할 점을 찾았습니다. 학생 자신이 가진 시각적 특성으로 인해 생길 수 있는 문제들이 눈에 띄었는데요. 바로 '환자를 응대하는 기술'입니다. 넓게 보자면 대인관계 기술이겠지요. 안마사로의 전문성과 함께 맹의 시각장애 학생은 맹대로, 저시력 시각장애 학생은 저시력대로 중재가 필요한 부분이 있었습니다.

먼저 맹의 시각장애 학생은 시각을 전혀 사용하지 않으므로 사람을 쳐다보지 않고 말하거나 무표정한 얼굴로 사람을 응대하는 경향이 있습니다. 사람을 외면하거나 달갑지 않아 보이는 행동이기에 직업 안마사에게는 부적절한 행동입니다. 가식적인 표정을 연습할 것까지는 없겠지만, 감정을 표정으로 나타내는 것도 사회생활에서 중요합니다. 이 점을 지도할 내용이라고 생각했습니다.

다음으로 저시력 학생은 환자에게 얼굴을 지나치게 가까이 가져갑니다. 습관적으로 몸을 숙여 가까이 보려고 하는 행동이지만 저시력에 대한 이해가 없는 사람은 깜짝 놀랄 수밖에 없지요. 그래서 시술자로서 시각적 확인이 필요한 상황이라면 사전에 고지하고 근거리에서 확인해야 한다고 지도합니다.

안마업 초기에는 시각장애인 안마업에 대한 인식이 좋지 않았지만, 법령으로 이료 교육 과정이 명시되고 체계적인 교육이 이루어지면서 안마업은 소위 대체의학의 하나로 저변이 확대되는 상황입니다. 요즘은 '안마원'이라는 영업의 형태로 피부관리실처럼 깔끔하고 단정한 곳이 많습니다. 근육과 경혈에 대한 전문적 지식을 바탕으로 각종 수기요법과 전기온열기구를 시술할 수 있는 전문성을 갖춘 '안마사'는 경제적 자립은 물론 사회에서 시각장애인의 인식 개선에도 큰 역할을 할 수 있습니다. '안마사'가 시각장애인의 직업으로 계속 발전해 나가길 바라고 있습니다. 차

자신감을 갖게 된
경주 가는 길

어렵게 대학에 입학하여 꿈을 펼치던 나는 또 하나의 장벽에 부딪혔어요. 대학에 가서 만나본 시각장애 동료들이 시각장애 특수학교에서 안마 교육을 받지 않은 시각장애인은 교사가 될 수 없다는 충격적인 이야기를 해주었어요. 자세한 내용을 들어보니 그 당시 시각장애인이 시각장애 특수학교에 교사로 재직하려면 모두가 안마 교육을 근거로 해서 채용이 된다는 거예요. 시각장애 특수학교를 졸업한 사람들은 안마사 자격을 받아서 졸업하지만 나처럼 일반 학교에서 졸업한 사람은 안마사 자격이 없는 것이었지요. 결과적으로 나는 대학을 졸업해도 시각장애 특수학교 교사가 될 수 없다는 사실에 방황하며 하루하루를 보냈어요.

　다행히 지인의 도움으로 안마 수련원에서 안마사 자격 교육을 받으면 된다는 사실을 전해 듣고 교육기관을 알아보았어요. 안타깝게도 그 당시 대구에서는 수강 인원이 부족하여 안마사 자격 과정이 개설되지 못했어요. 하는 수 없이 대구에서 버스를 타고 1시간을 가야 하는 경주에 개설된 안마 수련원에서 교육을 받기 위해 문의하였어요. 다행히도 자리 하나가 비어 있었고 그때부터 경주로의 여행이 시작되었어요.

　학교 수업 시간을 상당수 야간 강좌로 조정하고 안마사 교육 수련기관을 다니기 시작했어요. 아침에 눈을 떠서 버스를 타고 경주에 가서 안마 교육을 받고 오후 늦은 시간 강좌부터 야간 강좌까지 학교 수업을 받는 살인적인 일과가 이어졌지요. 그래도 희망이 생겨서인지 특별히 힘들지도 않고 경주 가는 것은 하나의 새로운 즐거움이 되었어요. 안마 교육을 1년쯤 받고 나서부터 인근의 안마 시술소에서 아르바이트도 할 수 있었어요. 당시 학비가 부족했던 나에게 그 아르바이트는 큰 도움이 되었어요. 아침 7시부터 시작하여 안마시술소 아르바이트까지 마치고 나면 거의 새벽 3시가 다 되었지만, 스스로 돈도 벌고 교사의 꿈도 갖게 되니 정신없이 이어지는 일과가 즐겁고 행복했어요.

　시각장애인에게 안마 교육이라는 것은 시각장애인의

경제적 자립을 돕고 미래에 대한 꿈도 키울 수 있는 소중한 일이라는 생각이 들었어요. 뭐 요즘이야 시각장애인이라도 여러 직종에 참여할 기회가 열려 있지만, 적어도 그당시에는 그 일 말고 시각장애인 스스로 돈을 벌 수 있는 기회가 극히 제한적이었지요. 나와 같이 일반 학교를 졸업하고 입학한 후배들에게 꼭 이료 교육을 받아야 한다고 설득의 설득을 하였지요. 처음에는 그 의미를 몰라 거부하던 후배들도 하나씩 둘씩 이료 교육을 받고 지금은 어엿한 시각장애 특수학교 교사가 되어 잘 살아가고 있는 모습을 보면서 큰 보람을 느끼고 있어요. 지금은 이료 교사가 되려는 사람에게만 해당한다고 해요.

시각장애를 가졌어도 무언가를 할 수 있다는 것, 스스로 노력해서 돈을 벌 수 있다는 것, 번 돈으로 나름대로 부모님, 친구들, 지인들에게 뭔가를 해줄 수 있다는 것 그것은 삶의 새로운 의미가 되고, 자신감이 되고, 다른 일도 도전하게 만드는 용기가 되었어요. 김

저시력인에 대한
인식 변화

　요즘 유튜브 채널과 다양한 SNS에서 장애인 스스로
가 자신의 삶에 대해 허심탄회하게 이야기하는 걸 자주 볼
수 있습니다. 그들은 장애에 대한 거부감과 불편함만 말하
지 않고 어려움을 솔직하게 말하고 밝고 긍정적인 에너지
를 표출합니다. 배려받아야만 하는 수동적인 존재가 아니
라 능동적인 삶을 살고 있는 장애인들이 기특하게 느껴집
니다. 우리 사회가 장애를 바라보는 시선이 변화한 걸까요?
　지난 2023년, 나는 언론에서 바라보는 저시력인에 대
한 사회적 인식의 변화를 연구했습니다.[24] 언론은 특정 이
슈의 중요도를 대중에 제공하고 사회적 인식을 형성하거나
설명하는 기능이 있지요. 이를 통해 대중의 저시력을 이해

하는 사회적 인지도와 중요도를 알아낼 수 있습니다.

뉴스로 살펴본 저시력에 대한 사회 인식 변화

1990년부터 2023년까지 언론에 보도된 저시력 관련 4천여 개의 기사를 살피면서 텍스트마이닝 분석을 통해 저시력인에 대한 사회적 관심이 어떻게 변화해 왔는지를 살펴보았습니다.

연구 결과, 1995년부터 2007년까지 저시력 관련 기사는 연간 10건 이하로 매우 드물었으나, 2008년 이후부터 주요 언론 매체에서 매년 두 자릿수 이상의 기사를 보도하기 시작했습니다. 특히 장애 권리 운동과 장애학의 확산이 이러한 변화를 이끄는 요인으로 작용했습니다. 2019년 이후에는 저시력인을 위한 애플리케이션과 보조공학 기기에 대한 홍보 기사가 증가하며 저시력인의 삶에 실질적으로 영향을 미치는 보도가 활발해졌습니다. 과거에는 시각장애를 '아무것도 보이지 않는 상태'로만 인식했으나 이제는 저시력도 시각장애의 한 유형으로 사회적 관심을 받기 시작한 것입니다. 이러한 변화는 시각장애의 스펙트럼이 넓다는 사실이 점차 알려지고 저시력인에 대한 이해가 깊어지는 계기가 되었습니다.

또한 저시력 관련 기사에서 '학생'이라는 키워드가 많았습니다. 우리나라의 높은 교육열을 생각하면 어색한 결과는 아니지요. 저시력 학생을 위한 교육 지원 방안은 마련되어 있지만 아직 미흡합니다. 사회적 이슈로 크게 부각되어 저시력 학생들이 개별적인 시력 조건에 따라 적절한 교육적 지원을 받을 수 있도록 다양한 방향을 제시할 수 있는 사회가 되어야겠습니다.

한편 저시력 관련 기사에서 많은 사람이 관심을 가진 주제는 '눈'과 '시력'이었습니다. 기사 내용 대부분이 안과 질환이나 노인성 질환과 관련된 것이었으며, 이는 고령화 사회에서 누구나 저시력인이 될 가능성이 높아지기 때문으로 분석됩니다. 이러한 배경을 고려할 때, 연령층에 따른 저시력 지원 방안에 대한 연구와 정책 개발이 더욱 필요하다는 점이 강조됩니다.

마지막으로 주요 기사에서 언급된 키워드를 군집화하여 분석했더니 '저시력인을 위한 과학과 상품의 발달'이 중요한 이슈로 떠오르고 있음을 발견했습니다. 최근 저시력인을 위한 제품과 기술의 발달, 공공기관의 접근성, 웹 접근성과 같은 주제의 기사가 쏟아져 나오고 있습니다. 이를 통해 저시력인의 불편함에 대한 사회적 공감에서 출발한 기술 발전이 산업과 정책의 방향을 긍정적으로 이끌어가는 데 기여한다고 해석할 수 있습니다.

저시력인에 대한 이러한 사회적 인식의 변화가 기술과 산업, 정책 전반에 긍정적인 영향을 미치게 되겠지요. 나아가 저시력인의 주체적인 삶을 향상하기 위해 사회 전체의 관심과 노력이 필요합니다. 지나치게 희망적이고 긍정적인 시각에서 작성한 논문 같지만 내 생각을 믿습니다.

누구나 닥칠 수 있는 미래

세계보건기구(WHO)에서 앞으로 시각장애인의 수가 증가할 것이며 그 이유로 고령화를 뽑았습니다. 하지만 이는 고령화로 인한 사회적 현상을 반영하는 단순한 통계로만 그치지 않습니다. 우리 모두에게 닥칠 수 있는 미래의 모습이기 때문입니다.

고령화 이외에도 스트레스, 당뇨병, 스마트폰과 같은 전자기기의 사용은 새로운 안과적 질환을 초래하고 있습니다. 이러한 요인은 저시력의 문제가 노인층에만 적용되는 것이 아니라 다양한 연령대에서 시각 문제가 일어날 수 있다는 것을 뜻합니다. 누구나 저시력인이 될 수 있습니다.

'장애'에 대한 편견으로 우리는 저시력인을 포함한 시각장애인을 우리와는 다른 삶이라고 가까이 가려 하지 않았습니다. 그러나 저시력인이 불편함 없이 살아가는 사회

라면 우리 모두에게도 평안한 세상일 겁니다. 그러니 우리
는 저시력인과 동행하는 사회로 만들어야겠지요. 논의에서
만 끝나지 않고 모두가 저시력인의 어려움을 공감하며 누
구나 편안하게 살아가는 세상을 위해 생각과 마음을 모아
야 합니다. 신

다가오는 밤이
무섭지만
곧 해가 뜨니까

　사람은 누구나 태어나면서부터 다양한 두려움과 공포를 느끼며 살아가지요. 수없이 많은 불안과 공포 중에서 무엇이 더하고 덜하다고 할 수 없을 만큼 각자의 처지에 따라 그 크기는 다양할 거예요.

　저시력인에게는 서서히 떨어지는 시력으로 언젠가 아무것도 볼 수 없게 된다는 공포가 삶에 대한 자신감과 의욕을 떨어뜨리는 원인이 됩니다. 어려서부터 시력이 나빠서 걱정하며 살아왔던 나도 그래요. 이렇게 저렇게 세월이 흘러서 조금씩 그 공포도 무뎌지고, 정신없이 살다 보니 잊기도 했습니다. 그러나 문득 어려움에 부딪힐 때마다 또다시 새록새록 떠오르기도 하지요. 이제는 내 삶을 받아들이고 지혜를 터득하면서 그 공포의 강도를 낮춰가면서 살고 있어요.

가끔은 아주 볼 수 없는 날이 다가오더라도 잘 살 수 있을 것 같은 자신감이 생기기도 하지만 여전히 아주 볼 수 없다면 어떻게 될까 하는 두려움이 사라지지는 않아요. 가끔 모니터나 책을 오래 봐서 눈이 따갑고 아플 때는 '이러다가 아주 못 보는 것은 아닐까?', '공부고 업무고 다 집어치우고 편하게 살까?' 생각해 보지만 현실은 그렇게 여유롭지 않으니 또 하루하루를 지내요.

평생을 불안과 공포를 안고 살다 보니 성격도 바뀌는 느낌이에요. 항상 걱정이 앞서고 미리미리 준비해야 한다는 부담감 때문에 예민해지고 사소한 일에도 스트레스를 받아 각종 소화장애와 신경장애 등이 친구처럼 따라다니지요.

특히 혼자서 이겨나가려고 생활하다 보니 도움이 필요한데도 사람들로부터 소외될 때가 많아요. 정확하게 말하면 내가 도움을 요청하지 않아 그런 것이겠지만요. 한번은 정안인 선생님과 다른 학교 견학을 간 적이 있었는데 그 학교 구조를 전혀 모르는 내가 혼자서 뚜벅뚜벅 걸어가다가 벽 위에 튀어나온 TV에 머리를 크게 부딪혀 이마가 찢어진 일이 있었어요. 뒤에 따라오던 선생님이 깜짝 놀라 달려왔지만 이미 부상을 크게 입은 상태였어요. 그때부터 정안인 선생님은 나에게 딱 붙어 다니며 도움을 주었어요.

그런 일은 수없이 많아서 열거하기도 힘들어요. 반쯤 열린 문을 발견하지 못하고 문 모서리에 이마를 부딪치거나 계단 내려올 때 계단 높낮이를 구분하지 못해 발을 헛디뎌 계단에서 고르는 일도 다반사였지요. 가끔은 식사할 때 반찬에 내용물을 잘 구별하지 못해 간장을 잔뜩 떠먹기도 하고, 초등학교 시절 개울물에 떠 있는 나뭇잎이나 종이조각을 징검다리인 줄 알고 밟고 건너다가 물에 빠진 일도 많았어요.

지금에 와서 잘 생각해 보면 다른 사람들이 나를 도와주지 않으려고 한 것도 아니고 내가 잘 설명하지 않으니 몰라서 도움을 주지 못한 경우가 많았어요. 이젠 나도 조금씩 내 현실을 편안히 받아들이고 다른 사람에게 도움받으면서 즐겁게 살아가려고 해요. 도움받으면 다음에 나도 뭔가를 도와주면 되니까요.

어두운 밤에도 우리가 두려워하지 않는 것은 그 어둠이 지나면 곧 해가 뜬다는 사실을 알기 때문이 아닐까요? 비록 지금은 잘 볼 수 없어서 두렵고, 다가오는 밤이 무섭기는 하지만 어둠을 잘 적응하게 준비하고 나를 도와줄 사람들의 따뜻한 마음을 가슴에 담을 수만 있다면 해 질 녘에도 내 삶을 포기하거나 꿈을 저버릴 필요는 없으니까요. 김

눈이 마주치기를 기다리며

'저시력인'으로 산다는 건 안개낀 낯선 길을 걸어가는 것과 마찬가지라고 생각해요. 어떤 이에게는 운치있고 낭만적일 수 있지만, 또 다른 이에게는 두렵고 공포스러운 길이 됩니다. 그러나 시간이 오래 지나면 그 두려운 길에서도 나름의 낭만과 운치를 느낄 수 있게 되지요.

내 마음을 들여다보며 글로 정리하는 일은 힘들었습니다. 위로가 될 때도 있었지만 어떤 때는 치부를 드러내는 불편함과 아픔도 느꼈습니다. 그럼에도 글을 쓰면서 나를 관찰하고 주변을 살펴보는 일은 50대 중반에 접어 든 짧지 않은 삶에서 함께 살아가기에 대한 깨달음을 얻은 좋은 경험이었습니다.

'알다'라는 단어가 한없이 크고 모호하게 다가옵니다.

나를 알아가고 나를 둘러 싼 사회와 나를 연결시키려는 노력은 지금도 '일'처럼 느껴지지요. 하지만 더이상 일이 되지 않게 되었을 때, 그만큼 더 편안해지고 다채롭게 시간이 채워지지요. 물론 '일'로 끝나버리는 경우도 있지만 대부분은 즐겁습니다.

세 명의 저자가 우연한 기회로 만나 '흐릿한 세상도 함께 보면 선명해진다'는 마음으로 의기투합하여 책을 쓰게 되었습니다. 이 책을 통해 독자 여러분의 인생에서 만나는 다양한 사람들과 반갑게 인사 나눌 수 있기를 기대합니다.

우리가 열심히 주변을 둘러 볼 때 마침 주위를 보고 있는 누군가와 눈을 맞출 수 있습니다. 우리 사는 세상은 이런 사소하고 우연한 눈맞춤으로 시작됩니다.

출처

1   김응수,한국저시력연구회(2020). 「2017년도 국민건강영양조사를 바탕으로 한 저시력 유병률 조사」 대한안과학회지 61.4 (2020): 407-411

2   신연서. (2024). 「저시력 여성의 희미하게 보이는 삶에 관한 내러티브 연구」 한국장애인복지학, 66. 103-134.

3   이윤주, 신연서. (2022). 「일반 학교를 졸업한 성인 저시력인의 심리적 성장 과정 탐색. 시각장애연구」 38(4), 21-47.

4   신연서(2024). 「저시력 여성의 희미하게 보는 삶에 관한 내러티브 탐구」 한국장애인복지학회.

5   Corn & Koenig(1996). 「Foundations of Low Vision: Clinical and Functional Perspectives」 AFB Press.

6   신연서, 차향미, 윤창교. (2024). 「신체 지원 프로그램이 시각장애 학생의 대동작 기능, 신체 균형, 신체 중심 이동에 미치는 영향」 시각장애연구, 40(2), 83-100.

7   Bruce, A., Sanders, T., & Sheldon, T. A. (2018). 「Qualitative study investigating the perceptions of parents of children who failed vision screening at the age of 4-5 years」 BMJ Paediatrics Open, 2(1). 1-8.

8   신연서, 차향미. (2020). 「코로나 19 상황에 따른 시각장애 특수학교 교사 수업 경험 연구」 시각장애연구, 36(4), 147-168.

9   신연서, 차향미. (2021). 「코로나 19 시대의 일반학교 시각장애 교사의 교직경험 연구」 시각장애연구, 37(1), 43-62.

10   WHO, Newsroom, Blindness and vision impairment part. https://www.who.int/news-room/fact-sheets/detail/blindness-and-visual-impairment

11   신연서. (2024). 「저시력 여성의 희미하게 보이는 삶에 관한 내러티브 연구」 한국장애인복지학, 66. 103-134.

12   이윤주, 신연서. (2022). 「일반 학교를 졸업한 성인 저시력인의 심리적 성장 과정 탐색」 시각장애연구, 38(4), 21-47.

13   Bruce, A., Sanders, T., & Sheldon, T. A. (2018). 「Qualitative study investigating the perceptions of parents of children who failed vision screening at the age of 4-5 years」 BMJ Paediatrics Open, 2(1). 1-8.

14   Rainey, L., Elsman, E. B. M., van Nispen, R. M. A., van Leeuwen, L. M., & van

Rens, G. H. M. B. (2016). 「Comprehending the impact of low vision on the lives of children and adolescents: A qualitative approach」 Quality of Life Research, 25, 2633-2643.

15 Schinazi, V. R. (2007). 「Psychosocial implications of blindness and low vision」 London: Centre for Advanced Spatial Analysis University College London, London.

16 Holloway, E., Sturrock, B., Lamoureux, E., Hegel, M., Casten, R., Mellor, D., & Rees, G. (2018). 「Delivering problem-solving treatment in low-vision rehabilitation: A pilot feasibility study」 Rehabilitation psychology, 63(3), 349-356.

17 Pinquart, M., & Pfeiffer, J. P. (2011). 「Psychological well-being in visually impaired and unimpaired individuals: A meta-analysis」 British Journal of Visual Impairment, 29(1), 27-45.

18 Klauke, S., Sondocie, C., & Fine, I. (2023). 「The impact of low vision on social function: The potential importance of lost visual social cues」 Journal of Optometry, 16(1), 3-11.

19 이태훈(2024). 『시각장애학생 교육의 이론과 실제』 학지사.

20 보건복지부(2020). 2020년 장애인 실태조사.

21 https://www.allaboutcircuits.com/news/tdk-lends-new-sensors-wewalk-new-smart-cane/

22 정인욱복지재단 편저(2013). 『시각장애인 보행의 이론과 실제』 시그마프레스.

23 국립서울맹학교 홈페이지 졸업생 현황 https://bl.sen.sc.kr.

24 신연서. (2023). 「텍스트마이닝을 활용한 저시력 관련 기사 분석」 시각장애연구, 39(3), 1-23.

나의 저시력인 친구를 소개합니다

초판 1쇄 발행 2025년 4월 20일

지은이 신연수, 차향미, 김창수

책임편집 류정화

펴낸이 윤주용
편집 도은주, 박미선 ㅣ 마케팅 조명구 ㅣ 홍보 박미나

펴낸곳 초록비공방
출판등록 2013년 4월 25일 제2013-000130
주소 서울시 마포구 동교로27길 53 308호
전화 0505-566-5522 ㅣ 팩스 02-6008-1777

메일 greenrainbooks@naver.com
인스타 @greenrainbooks @greenrain_1318
블로그 http://blog.naver.com/greenrainbooks

ISBN 979-11-93296-85-1(03370)

어려운 것은 쉽게 쉬운 것은 깊게 깊은 것은 유쾌하게

초록비책공방은 여러분의 소중한 의견을 기다리고 있습니다.
원고 투고, 오탈자 제보, 제휴 제안은 greenrainbooks@naver.com으로 보내주세요.